Alles Geschmacksache

oder ...
Haben SIE die Kunden,
die Sie sich wünschen?

Das neue (2.) Buch zum Blog

Hubert Baumann

Alles Geschmacksache

oder ...
**Haben Sie die Kunden,
die Sie sich wünschen?**

Hubert Baumann

Geschichten
und Fachartikel

zum Schmunzeln
und Nachdenken

zusammengestellt aus eigenen
Online-Veröffentlichungen

aus den Jahren 2012 bis 2014

Impressum:

© Copyright: 2015 Hubert Baumann, 63808 Haibach, Deutschland

Herstellung und Verlag:
BoD - Books on Demand, Norderstedt, Deutschland

ISBN 978-3-7347-4922-3

Alle Rechte vorbehalten. Vervielfältigung, auch auszugsweise, nur mit schriftlicher Genehmigung gestattet. Der Inhalt wurde nach bestem Wissen erstellt. Es wird jedoch keine Gewähr übernommen.

Lektorat: Kerstin Baumann, Haibach

Bildquellen:
Soweit nicht anders vermerkt: Hubert Baumann, Haibach

Markennennungen:
XING, Facebook, Twitter, YouTube, Wordpress, PowerPoint, Google, Google+ sind eingetragene Markenzeichen

Inhaltsverzeichnis

Inhaltsverzeichnis	5
Einleitung: Authentisch bleiben	9
Authentisch bleiben in Kommunikation und Business	11
Story Telling – Verkaufen Sie nicht! Werden Sie Geschichtenerzähler!	14
Sind Sie Ihren Preis wert? So kommunizieren Sie Ihren Preis richtig	16
Der richtige Preis für Ihr Produkt	18
Gibt es Synergien? Eine Erfahrung vom Geben und Nehmen.	22
Warum sich Unternehmen auf eine Veränderung des Kundenverhaltens einstellen müssen	23
Social Media und strategisches Gesamtkonzept	24
Man müsste, könnte, sollte	25
So macht Ihr Unternehmen auf der Messe einen professionellen Eindruck	26
Wie mir mein soziales Netzwerk ganz spielerisch beim Design meines Unternehmenslogos half	31
"Die Befestigung ist die Rechnung" – Ich liebe diese vollautomatischen Übersetzungen	33
Stichwort: Kundengewinnung und Kundenbeziehungspflege	34
Aus den Augen – aus dem Sinn ….	35

Das Minimax-Prinzip: Nicht gießen, nicht düngen, aber dennoch reichlich ernten …	36
Arbeiten Sie an den Leitlinien Ihres Unternehmens	38
So werden Lob und Empfehlung zum Bumerang für Ihre Firma	40
Empfehlungsmarketing: Wie das mit der richtigen Idee gelingt	41
Der Irrglaube von geposteten Toilettenbesuchen in sozialen Netzen.	42
Wie kurzfristige Umsatzziele Innovation und Strategie ausbremsen	45
Der Trick mit den "vergessenen" Visitenkarten	47
Tipp Empfehlungsmarketing: Empfehlungen belohnen	48
Thema Preiserhöhungen – Wie erkläre ich's meinen Kunden?	49
Zu Risiken und Nebenwirkungen fragen Sie bitte Ihre Kunden	51
Kopf oder Bauch? Alarmsignal – hier spricht Ihr Unterbewusstsein!	53
Social Media praktizieren heißt auch: Soziale Kompetenz zeigen!	55
Dreimal "Nein" ist immer noch "Nein" – oder: Verkaufen Sie Ihre Kunden bitte nicht für dumm!	57
Alleinstellungsmerkmale – Zeigen Sie Ihren Kunden, was Sie besser können als andere	59
Marketing 2.0, Social Media und Blog: Spaß, Ausdauer und Durchhaltevermögen sind gefragt.	60

Social Media und Newsletter	61
Kann ein Blog die Webseite ersetzen?	64
Wenn Dir jemand nicht mehr nützen kann	67
Fragen statt Lösungen – der systemische Beratungsansatz	69
Beispiel Systemische Beratung: Stuhlwechsel	70
Marketing 2.0 = Story Telling + Kommunikation	71
Eigenlob stinkt nicht!	73
3 Tipps, wie Sie mit Marketing 2.0 erfolgreich durchstarten	74
Sagen Sie nie "Das funktioniert bei mir nicht" ….	76
Die Geschichte von der Zeit – es ist alles ist eine Frage der Priorität	77
Gibt es ein Leben nach dem 31.12.?	78
Tipp: Prioritäten richtig setzen!	80
Tipp: Außenauftritt hin und wieder auf Aktualität überprüfen!	81
Vom Umgang mit gewachsenen Hierarchien im Unternehmen	82
Führung – Motivation – Wachstum: Ersetzen Sie "Standpauke" durch gute Mitarbeiterführung!	85
Tipp: Mit Umweg schneller zum Ziel	88
Mitarbeiter richtig führen	89
Die wichtigsten Tipps für die E-Mail-Kommunikation	90
Kaufsignale erkennen und umsetzen	91
Keine Zeit für "Bettler" Kunde	93

Quod erat demonstrandum – Eine Geschichte ohne Happy End. ... 94

Wie gehen Sie mit Reklamationen Ihrer Kunden um? ... 95

Kundenzufriedenheit – oder verzweifelte Schadensbegrenzung? ... 96

Visualisierung und Präsentation ... 97

Soziale Netze als wichtiger Bestandteil in der Kommunikation zwischen Unternehmen und Kunden ... 98

Nur wer sichtbar ist, kann auch gesehen werden ... 99

Die Story vom Frosch – Und was man für die Akquisetätigkeit seines Unternehmens daraus lernen kann ... 101

Erfolgskurs – positive Kritik ernst nehmen – Ballast ablegen. ... 103

Der Ruf der Unternehmen nach Neukundengewinnung ... 104

Von Selbstvertrauen und Selbstüberschätzung ... 106

Selbsterkenntnis ist der erste Impuls zur Veränderung ... 108

Unverbindlich und freibleibend ... 109

Überraschung! Kollege hat gekündigt! ... 110

Effizienz: Leider nicht zum Nulltarif ... 112

Alles Geschmacksache – so spart man nicht nur Mitarbeiter, sondern auch Kunden. ... 113

Fortsetzung folgt … ... 114

Der Autor ... 115

Einleitung: Authentisch bleiben

Alles Geschmacksache ...

Als frisch und gut gelungen bestätigte mir eine Leserin meinen neuen Außenauftritt: Die Karikaturen seien einfach gehalten und bringen mit wenigen Worten die Themen auf den Punkt, ohne vom Thema abzulenken.

Alles Geschmacksache ...

Als äußerst unprofessionell empfand ein Leser meinen neuen Außenauftritt: Billige handgemalte Karikaturen und zu wenig Text und Detailinformationen.

> **Man kann es eben nicht jedem Recht machen.**
> **Muss man auch nicht.**

Es ist eben alles Geschmacksache. Und wer authentisch bleibt, spricht in seinem Auftritt genau die Menschen an, die zu ihm passen.

Dass dies im Unternehmensalltag nicht immer einfach ist, zeigen die Kapitel in Form von Geschichten und Anekdoten in diesem Buch, die ich aus Artikeln meines Blogs http://www.hubertbaumann.com/blog aus den Jahren 2012 - 2014 für Sie zusammengestellt habe.

Tipps und Empfehlungen, so manches Lehrreiches, Geschichten aus dem Leben – kunterbunt unsortiert, zur Unterhaltung, zum Schmunzeln, aber primär auch zum

Nachdenken und Umsetzen für den eigenen Unternehmensalltag.

Alle Geschichten in diesem Buch sind natürlich frei erfunden. Ähnlichkeiten mit lebenden Personen oder Unternehmen wären rein zufällig. Aber vielleicht entdecken Sie beim Lesen doch die ein oder andere Parallele.

Ein besonderer Dank ...

... all denjenigen, die an dieser Lektüre mitgewirkt haben – in welcher Weise auch immer,

... meinen Kontakten und Freunden in den sozialen Netzen, die mich mit ihren konstruktiven Kommentaren unterstützt haben, dieses Buch zu gestalten. So wird ein Buch zum Dialog zwischen Autor und Lesern.

... und natürlich Ihnen, liebe Leser, dafür, dass Sie diese Lektüre in die Hand genommen haben.

Ob Ihnen dieses Büchlein gefällt oder nicht ...
Empfehlen Sie es weiter. Denn es ist eben ...

... alles Geschmacksache.

Ich wünsche Ihnen viel Spaß beim Lesen.

Haibach, im Februar 2015

Hubert Baumann

Authentisch bleiben in Kommunikation und Business

Authentisch bleiben in Kommunikation und Business? Geht das überhaupt?

Immerhin entscheiden im Geschäftsleben Erwartungshaltungen darüber, ob ein Kunde Ihnen den Auftrag erteilt oder zu einem Wettbewerber geht. Ist es möglich, diese Erwartungshaltungen immer zu erfüllen und trotzdem authentisch – also sich selbst treu – zu bleiben?

Im Grunde bieten sich in solchen Situationen folgende Möglichkeiten:

1. Sie bleiben authentisch und riskieren, dass der Kunde den Auftrag an jemand anderen gibt.
2. Sie bleiben authentisch, können den Kunden dazu bringen, auf Ihre Vorstellungen einzugehen, riskieren aber dabei, dass der Kunde möglicherweise einen Teil seiner Authentizität aufgibt.
3. Sie gehen auf den Kunden so weit ein, dass Sie sich dabei in gewisser Weise „verbiegen" müssen.
4. Sie schließen einen Kompromiss und „verbiegen" sich möglicherweise beide.

In gewissen Situationen wäre es also ratsam, einen Auftrag besser abzulehnen, anstatt diesen unter zu großen Zugeständnissen und Konfliktpotentialen anzunehmen.

Doch entsteht im Unternehmensalltag schnell eine andere Frage:

Wie viele abgelehnte Aufträge kann sich ein Unternehmen finanziell leisten? Sollte es doch besser einen Auftrag annehmen, auch wenn es nicht davon überzeugt ist? Und was ist der Preis dafür?

Bis vor einigen Jahren – ich war bereits selbständig – hatte ich den Ehrgeiz, es jedem Recht machen zu wollen. Notfalls auch mal "verbiegen" (um bei dem Begriff zu bleiben), um einen Auftrag zu erhalten oder zu behalten. Diese Aufträge bedeuteten in den allermeisten Fällen einen erheblich höheren Kraftaufwand als erwartet. Auch bei meinen Vorträgen, Präsentationen und Veröffentlichungen versuchte ich brav zu bleiben und Konfliktpotentiale zu vermeiden.

**Der Effekt: Ich erhielt selten Widerspruch.
Aber ich erhielt auch selten Beifall.**

In zunehmendem Maße fing ich an, mich etwas zu trauen, meine Meinung zu sagen, kritisch Stellung zu nehmen. Jedoch ohne mich überall und bei jeder Gelegenheit einmischen zu müssen, nur um des Einmischens Willen.

Das Ergebnis: Es gab plötzlich Kritiker, die mir widersprachen. Aber ich erhielt in noch größerem Maße Freunde und Fans, die mir zustimmten und mich weiterempfahlen.

Mein Tipp:

**Bleiben Sie in Ihrem Unternehmensalltag
und in Ihrer Kommunikation authentisch.**

Probieren Sie es einfach aus:

- Sie selbst zu bleiben, ohne sich zu verbiegen.
- auch mal klar Stellung zu beziehen
- auch mal „Nein" zu sagen.

Nutzen Sie die so freigewordene Zeit dafür, sich die Kunden zu suchen, die zu Ihnen passen.

Beobachten Sie die Reaktionen aus Ihrem Umfeld in den kommenden Wochen und Monaten.

Story Telling – Verkaufen Sie nicht! Werden Sie Geschichtenerzähler!

Was ist Story Telling, wie funktioniert es, und warum ist es für die Werbung so wichtig?

Erinnert uns der Begriff "Story Telling" doch unwillkürlich an Geschichtenerzähler auf einem Jahrmarkt oder an die Märchentante auf Kindergeburtstagen? Während Sie diese Zeilen lesen, laufen vielleicht schon Bilder vor ihrem geistigen Auge ab, Sie sehen den Jahrmarkt, den Rummel, den Menschenlärm ... Vielleicht fallen Ihnen auch spontan Geschichten ein, die Sie dort gehört und bis heute nicht vergessen haben.

Sind die Geschichten emotional genug, aus dem Leben gegriffen, und so geschildert, dass sich ein jeder in die Personen in der Geschichte hineinversetzen kann, bleiben sie in Erinnerung.

Achten Sie einmal bei der Fernsehwerbung darauf, wie viele Geschichten Ihnen dort erzählt werden: Menschen, die etwas erlebt haben, oder denen ein Missgeschick passiert ist, und denen dann mit Produkt XY von Hersteller ABC aus der misslichen Lage geholfen wurde.

Auch auf Wochenmärkten trifft man sie häufig – die Geschichtenerzähler, die mit ihren Geschichten und Anekdoten redegewandt kleine Helferlein des persönlichen Alltags (meist Pflegemittel für Küche, Haus oder Auto) an den Mann oder an die Frau bringen.

Bildquelle: Cox Orange / Roland Unger

Auch erfolgreiche Blogs funktionieren nach diesem Muster. Authentische Geschichten aus dem Leben, aus dem Unternehmensalltag, Erlebnisse mit Kunden und Mitarbeitern, Pannen, die zum Schmunzeln anregen usw.

Je authentischer die Geschichten, umso zahlreicher die Leserschar und die Mundpropaganda.

Mein Tipp: Verkaufen Sie nicht Ihre Produkte. Werden Sie Geschichtenerzähler!

Sind Sie Ihren Preis wert? So kommunizieren Sie Ihren Preis richtig

Kalkulieren Sie Ihren Preis fair und ohne versteckte Nebenkosten, so dass Sie ihn selbst mit einem gutem Gewissen vertreten können.

Wenn Sie nach Ihrem Preis gefragt werden, dann nennen ihn. Gerade frei raus, auf Augenhöhe, ohne zu zögern, ohne zu stottern oder mit der Wimper zu zucken. Sobald Sie zögern oder unsicher sind, öffnen Sie die Tür für Preisdiskussionen und Rückzieher.

Natürlich ist es wesentlich einfacher, einen Produktpreis zu kalkulieren, bei dem man den Einkaufspreis kennt und bei dem der Verkaufspreis eben auf keinen Fall unter diesem Einkaufspreis liegen darf,

… als einen Preis für eine handwerkliche Dienstleistung zu berechnen, bei der die Ausbildungszeiten und die eigene Arbeitsleistung bewertet werden müssen,

… oder einen Preis für ein Seminar oder einen Vortrag, bei denen Vorbereitungszeiten, Aufwand für regelmäßige Weiterbildung etc. eine wichtige Rolle spielen.

Doch wenn Sie ein paar Kleinigkeiten beachten, sollte in Sachen Preis und Angebot nichts schiefgehen:

Das Kundenverhalten hat sich in den letzten Jahren deutlich geändert. Der moderne Kunde lässt sich ungern bevormunden oder festnageln.

Unterbreiten Sie Ihrem Kunden ein Angebot mit zwei Optionen: die erste mit der optimalen Lösung, und die zweite mit einer etwas abgespeckten Variante, einer Minimallösung. Beschreiben Sie klar die Vorzüge jeder einzelnen Option, und empfehlen Sie dann eine davon.

Vermeiden Sie Qualitätsverluste oder schlechte Arbeit, wenn Sie eine abgespeckte Lösung anbieten. Denn hinterher wird man Sie ausschließlich am Ergebnis messen. Es wird niemand danach fragen, unter welchen Umständen und Prämissen das Ergebnis zustande gekommen ist.

Bevor Sie sich dem Risiko ausliefern, aus Kostengründen schlechte Arbeit abzuliefern und damit Ihrem Ruf zu schaden, verzichten Sie lieber auf den Auftrag. Kommunizieren Sie dies dem Kunden ruhig und sachlich, damit er Ihre Überlegung nachvollziehen kann.

Ihr Angebot:

Es enthält nicht nur eine Auflistung von Produktbezeichnungen und Beträgen oder Stundensätzen, sondern einige weitere Informationen, die dem Kunden helfen, das Angebot zu verstehen. Und letztlich die Argumente, warum der Kunde eben genau IHR Angebot annehmen sollte.

Der richtige Preis für Ihr Produkt

Dass Umsatz nicht gleichbedeutend mit Gewinn ist, hat sich hoffentlich bei jedem Jungunternehmer und Neugründer herumgesprochen. Um 1 EUR Gewinn zu erzielen, ist oft ein Vielfaches davon an Umsatz zu bewältigen. Wie viel dies genau ist, ist von vielen Faktoren abhängig, unter anderem von Branche und Produkt oder Dienstleistung.

Ich möchte im Folgenden zwei Sichtweisen erläutern, die bei der Preisfindung eine wesentliche Rolle spielen:

1. **Die betriebswirtschaftliche Sicht** (Fragestellung: Was kostet mich das Produkt?)
2. **Die Markt-Sicht** (Frage: Welchen Preis kann ich für mein Produkt erzielen?)

1. Die betriebswirtschaftliche Sicht

Hier empfehle ich eine Berechnung des Produktpreises aus der Sicht der Teilkostenrechnung. In diese Kostenrechnung fließen alle Kosten ein, die direkt durch die Herstellung oder die Anschaffung des Produktes anfallen.

Der Preis eines Produktes oder einer Dienstleistung hat zunächst zwei wesentliche Betrachtungsrichtungen:

Dazu gehören nicht nur der Kaufpreis, sondern z. B. auch Beförderungskosten, Zölle, ggf. produktabhängige Löhne oder Lagerkosten usw. Bei einer Dienstleistung (also dem „Produkt Mensch") sind dies sein Gehalt, sämtliche Nebenkosten, persönliche Verteilzeiten, Urlaub, Firmenfahrzeug usw.

Wenn Sie sich ausschließlich „selbst verkaufen", d. h. Ihre eigene Dienstleistung, ist der Betrag maßgebend, den Sie im Monat oder im Jahr gerne verdienen wollen. Seien Sie hierbei aber bitte realistisch! Sie können auch den Wert eintragen, den Sie mindestens für Ihren Lebensunterhalt benötigen.

Wenn Sie nun alle diese Kosten zusammengestellt haben, kennen Sie den Wert, den Sie das Produkt tatsächlich in der Anschaffung oder in der Herstellung kostet. Dieses ist auch der Preis, den Sie mindestens beim Verkauf erzielen müssen, um keinen Verlust mit dem Produkt zu machen.

Beispiel: Der errechnete Wert eines Produktes beträgt 100 EUR. Verkaufe ich dieses Produkt nun genau für 100 EUR, so habe ich zwar keinen Verlust gemacht, aber leider auch keinen Gewinn. Ich könnte also auf das Geschäft verzichten, ohne dass ich daraus einen finanziellen Nachteil hätte. Verkaufe ich es für 101 EUR, so habe ich damit einen Deckungsbeitrag von 1 EUR erzielt. Verkaufe ich es für weniger …. naja!

Dieser Deckungsbeitrag von 1 EUR reduziert nun seinerseits die fixen Kosten des Unternehmens. Habe ich das Produkt häufig genug verkauft, habe ich irgendwann auch die fixen Kosten damit gedeckt, d. h. das Unternehmen kommt in die Gewinnzone. Diesen Punkt des Übergangs von der Verlust- in die Gewinnzone nennt man in der Fachsprache Break-Even oder Break-Even-Point (kurz BEP). Kann ich das Produkt teurer verkaufen, ist der Break-Even natürlich schneller erreicht.

Mein Tipp: Kalkulieren Sie auch Ihr eigenes Gehalt und Ihre Raummiete (auch, wenn sie im eigenen Haus anfällt) in die Fixkosten mit ein.

2. Die Markt-Sicht

In der Praxis bestimmt natürlich auch der Markt den Preis von Produkten und Dienstleistungen. Wird das oben erwähnte Produkt, für das Sie einen Einstandspreis von 100 EUR errechnet haben, am Markt üblicherweise für 95 EUR gehandelt, haben Sie ... entweder die Möglichkeit, die Herstellungs- oder Anschaffungskosten des Produktes zu reduzieren. ... oder Sie finden entsprechende Mehrwerte und Vorteile Ihres Produktes gegenüber den Wettbewerbsprodukten - Vorteile, die einen deutlichen höheren Preis rechtfertigen. Wird das Produkt z. B. zu 130 EUR gehandelt, können Sie mit diesen 130 EUR gut mithalten oder sogar günstiger anbieten.

Die Überlegung ist jetzt lediglich, wie viele Produkte Sie verkaufen müssen, um diesen Break-Even-Point zu erreichen, und die Frage, ob das realistisch und machbar ist. Diese Frage können Sie nur selbst beantworten. Eine Möglichkeit um konkurrenzfähig zu bleiben, ist auch, die fixen und variablen Kosten zu reduzieren. Es gibt viele Möglichkeiten, ohne nennenswerten Komfortverlust Geld einzusparen.

Mein Tipp:

Betrachten Sie dazu zuerst die großen Ausgabeposten Ihres Unternehmens. Dort gibt es erfahrungsgemäß auch am meisten Einsparpotential. Brauchen Sie z. B. als neu gebackener Unternehmer von Anfang an den geleasten

Oberklasse-Sportwagen, um Ihren neuen Status als Geschäftsführer und Unternehmer gebührend nach außen zu tragen? Vielleicht genügt für den Anfang ja auch ein Fahrzeug der unteren Mittelklasse.

Es ist viel schmerzhafter, Ihrem Umfeld später zu erklären, warum Sie den Sportwagen nun nicht mehr fahren. Bedenken Sie aber bei Ihren Sparmaßnahmen, dass das Unternehmen selbst nicht dabei leiden darf. Auf keinen Fall dürfen Einsparungen dazu führen, dass der Außenauftritt, wie auch Marketing und Vertrieb, oder das Produkt selbst darunter leidet.

Fazit:

Den richtigen Preis für ein Produkt ermitteln, ist nicht so einfach, und lässt sich sicherlich auch in diesem Artikel nicht abschließend erörtern. Was ich hier in diesem Fachartikel auf wenigen Seiten beschreibe, beschäftigt in großen Unternehmen oft ganze Controlling-Abteilungen.

Lassen Sie sich durch die Hilfe eines Fachkundigen unterstützen.

Gibt es Synergien? Eine Erfahrung vom Geben und Nehmen.

"Synergie" in einer Zusammenarbeit zwischen Unternehmen bedeutet Gleichgewicht zwischen den Partnern – ein gegenseitiges Geben und Nehmen, das sich am Ende immer wieder ausgleicht.

"Synergie" bedeutet 1 + 1 = 3, auch wenn diese Formel rein mathematisch keinen Sinn macht. Die beiden Partner müssen gemeinsam mehr erreichen können als jeder für sich alleine.

Beschränkt sich einer der Partner nur auf das Nehmen, wird auch der Gebende früher oder später keine Lust mehr haben und die Partnerschaft wird früher oder später ins Leere laufen. Die Partnerschaft ist beendet.

Daher: "Augen auf bei der Partnerwahl"

Dieser Slogan gilt nicht nur im privaten Bereich, sondern ganz besonders auch im Geschäftsleben.

Ob Vertriebspartner, projektbezogene Partnerschaften und Kooperationen oder dauerhafte Unternehmenspartnerschaften. Eine Zusammenarbeit muss gut überlegt sein. Auch wenn zu Beginn einer Zusammenarbeit meist "Friede, Freude, Eierkuchen" herrscht und die Beteiligten sich ewige Treue schwören, tun sie dennoch gut daran, im Vorfeld einer Zusammenarbeit die wichtigsten Voraussetzungen für eine Zusammenarbeit ausführlich zu prüfen und diese in einer Vereinbarung oder einem Vertrag festzuhalten.

Warum sich Unternehmen auf eine Veränderung des Kundenverhaltens einstellen müssen

Wie gehen Sie bei der Auswahl eines Lieferanten, Handwerkers, bei der Neuanschaffung einer neuen Waschmaschine oder bei Ihrer Urlaubsbuchung vor?

War es früher der Blick in die Gelbe Seiten, der Weg in den Fachhandel oder ins Reisebüro, so ist es heutzutage der Griff zum PC oder Smartphone und der Klick in eine Suchmaschine. Ein Unternehmen, das dort nicht vertreten ist, ist damit für diesen neuen Kundentyp quasi unsichtbar. Ein jedes Unternehmen tut gut daran, nicht nur im realen, sondern auch im virtuellen Leben gefunden zu werden, also im Internet, in Blogs, Foren und Social-Media-Netzwerken.

Ob der Einzelne diese Entwicklung nun gut findet, oder diese allzeit-online-präsente Bevölkerungsgruppe kritisiert oder ignoriert, spielt dabei keine Rolle. Maßgeblich ist, dass diese Entwicklung stattfindet. Sie selbst entscheiden, ob Sie an dieser Entwicklung teilhaben wollen oder sich der Gefahr aussetzen wollen, in den nächsten Jahren zunehmend auf neue Kunden zu verzichten.

Social Media und strategisches Gesamtkonzept

Social Media im Geschäftsumfeld ist nicht Selbstzweck, sondern Mittel zum Zweck.

Daher spielt immer das Gesamtkonzept eines Unternehmens eine wichtige Rolle,

… verbunden mit den Fragen:

- Welche strategischen Ziele hat mein Unternehmen?
- Wie müssen mein Marketing und meine Öffentlichkeitsarbeit aussehen, um diese Ziele zu erreichen?
- Und wie kann mich Social Media bei der Erreichung meiner Ziele unterstützen?

Sich rein auf Social Media zu konzentrieren (und seien das Training und der Trainer noch so gut) – ohne das Gesamtkonzept im Auge zu behalten, ist, wie den Weg für eine Reise zu planen, ohne das Ziel zu kennen. Man wird sicherlich irgendwo herauskommen. Die Betonung liegt dabei auf "irgendwo".

Dass Social Media und Web 2.0[*)] immer häufiger zu einem Bestandteil dieses Gesamtkonzeptes werden, liegt in der Natur der Sache. Gerade wenn es um Themen wie Kundenzufriedenheit (Kundenbetreuung) oder um Kundengewinnung (Stichworte Virales Marketing, Empfehlungsmarketing, Guerilla-Marketing) geht: Informationen können heute über soziale Netzwerke wesentlich schneller und effizienter verteilt werden, als dies auf klassischem Weg möglich ist.

*) Web 2.0: interaktive Internetauftritte, bei denen die Besucher nicht nur lesen, sondern sich aktiv – zum Beispiel über Kommentare – mit einbringen können. Siehe hierzu auch Kapitel „Kann ein Blog die Webseite ersetzen?" weiter hinten in diesem Buch.

Man müsste, könnte, sollte

Immer wenn das Wörtchen "man" in Verbindung mit einem dieser Konjunktive auftaucht, ist dies ein klares Signal dafür, dass das, was danach folgt, wahrscheinlich niemals eintreten wird. Genauso gut könnte man den Satz komplett weglassen, ohne dass sich dadurch im Geringsten etwas verändern würde.

Mein Tipp:

- **Streichen Sie Begriffskombination wie "Man müsste …" und "Man könnte …" einfach aus Ihrem Wortschatz**
- **Ersetzen Sie sie durch ein "Wir starten …", "Wir tun …" oder "Wir machen …"**
- **Ergänzen Sie sie mit einer klaren Zeitvorstellung "Wir beginnen jetzt …"**
- **Setzen Sie das Gesagte innerhalb Ihres gesteckten Zeitrahmens um.**

So macht Ihr Unternehmen auf der Messe einen professionellen Eindruck

Eine Messe ist die zeitlich befristete Außenstelle Ihres Unternehmens. Und zwar nicht nur EINE Außenstelle, sondern DIE Außenstelle, mit der Sie während der Messezeit gezielt auf Kundenfang gehen wollen. Oft entscheiden nur wenige Sekunden darüber, ob ein Interessent stehen bleibt, Ihren Stand betritt, oder uninteressiert weitergeht.

Wenn man außerdem davon ausgeht, dass sich die Kosten – selbst für einen kleinen Messestand – gut und gern auf einen 5-stelligen Betrag summieren, versteht sich von selbst, dass ein Unternehmen bemüht sein sollte, den größtmöglichen Nutzen aus der Veranstaltung herauszuholen.

Daher ist äußerste Professionalität und Disziplin am Messestand ein absolutes Muss für jedes Unternehmen.

Wenn Sie einige Grund- und Verhaltensregeln beherzigen, können Sie Pannen von vornherein vermeiden.

Frühzeitige Vorbereitung vermeidet Torschlusspanik.

Beginnen Sie frühzeitig mit Ihrer Messeplanung. Visitenkarten und Informationsmaterial müssen gedruckt werden, Ausstellungsstücke müssen erstellt, der Standbau muss organisiert werden und vieles andere mehr.

Planen Sie Ihre Standbesetzung so, dass während der gesamten Messezeit möglichst aus allen wichtigen Unternehmensbereichen ein kompetenter Mitarbeiter vor Ort ist. Denken Sie auch an die Unterkünfte für Ihre Mitarbeiter. Gerade während der Messezeiten sind diese erfahrungsgemäß knapp.

Planen Sie in Ihrem Budget ein Messetraining für Ihre Mitarbeiter mit ein, das Sie dann wenige Tage vor Beginn der Veranstaltung durchführen. Nicht jeder Techniker ist automatisch ein guter Verkäufer, und oft hilft es, gemeinsam die Antworten auf die wichtigsten Fragen sowie einen Gesprächseinstieg einzustudieren. Bei dieser Gelegenheit sollte auch das äußere Erscheinungsbild der Mitarbeiter (sprich: die Bekleidung) aufeinander abgestimmt werden.

Professioneller Messestandbau als wichtiger Erfolgsbestandteil

Achten Sie darauf, dass Ihr Stand professionell und ansprechend wirkt. Der Stand soll Besucher dazu animieren, stehen zu bleiben und einzutreten. Dazu muss der Stand offen und einladend gestaltet sein – er sollte keinesfalls mit Möbeln oder Prospektständern zugebaut sein.

Auftritt während der Messe:
Zusammenarbeit ist Trumpf

Am Stand herrscht grundsätzlich äußerste Disziplin. Dazu gehört zunächst ein klar definierter Standleiter, der (oder die) unabhängig von der sonstigen Hierarchiestruktur des Unternehmens die Entscheidungs- und Weisungsbefugnis erhält.

Achten Sie auf freundlichen Umgang miteinander und auf gegenseitige Hilfsbereitschaft. Ein Messetag ist für alle Beteiligten anstrengend. Da muss man sich das Leben ja nicht noch unnötig gegenseitig schwer machen. Begriffe wie "Nein" oder "Dafür bin ich nicht zuständig" sollten von vornherein als Tabubegriffe erklärt werden. Ist ein Mitarbeiter gerade in einem Gespräch mit einem Interessenten, „darf" durchaus auch einmal der Chef nach dem Getränkewunsch fragen – eine gute Gelegenheit, sich beim Bringen der Getränke dem Gespräch anzuschließen.

Rauchen, Telefonieren, schnell die versäumte interne Besprechung von letzter Woche nachholen etc., sind absolute Tabus. Auch dann, wenn gerade auf dem Messestand wenig los ist und Zeit wäre. Wenn genau zu diesem Zeitpunkt gerade Ihr einziger Interessent vorbeikommt und Ihr gesamtes Team beschäftigt in einer Ecke stehen sieht, haben Sie Ihre Chance verpasst.

Generell sollten Interessenten mit Handschlag begrüßt werden, einschließlich dem obligatorischen Visitenkartentausch. Behalten Sie während des Gesprächs die Visitenkarte Ihres Interessenten in der Hand.

So können Sie ihn zwischendurch immer wieder einmal mit Namen ansprechen. Hat Ihr Besucher keine Visitenkarten, so notieren Sie sich den Namen auf einem Zettel oder direkt auf dem Besucherbericht, der für jeden Besucher ausgefüllt werden soll.

Zeitplanung der Gespräche:
In der Kürze liegt die Würze

Um die relativ teure Messezeit so effizient wie möglich zu nutzen, sollten Beratungstermine mit einzelnen Interessenten auf maximal eine halbe Stunde begrenzt sein. Das ist genug Zeit, um dem Interessenten eine generelle Information über das Unternehmen zu geben, über die Produkte und Mehrwerte zu informieren sowie ggf. für eine kleine Produktpräsentation. Intensivere Beratungsgespräche oder Problemlösungen sollten auf einen Folgetermin nach der Messe vertagt werden.

Die teuerste Gelegenheit,
seine Bestandskunden zu begrüßen

Selbstverständlich können Sie auch Ihre bestehenden Kunden zum Besuch einladen. Allerdings sollten Sie deutlich mehr Zeit für Neukunden einkalkulieren. Ihre Bestandskunden kennen Sie ja schon, und sie haben sicherlich viele andere Gelegenheit, mit diesen zu sprechen.

Nachbereitung:
Aufgaben abarbeiten, Zusagen einhalten

Mit dem Schließen der Messetore am letzten Messetag ist für die Besucher die Messe beendet. Für Sie jedoch bedeutet dies, dass damit die Nacharbeiten beginnen. Bedanken Sie sich einige Tage nach der Messe schriftlich oder per E-Mail bei Ihren Besuchern. Haben Sie Zusagen für Angebote gemacht oder Folgetermine besprochen? Achten Sie darauf, dass Ihnen nichts verlorengeht und dass Sie besprochene Terminzusagen auch einhalten.

Dies sind nur einige Punkte, die bei einer Messe zu beachten sind. Richtige Vorbereitung, Durchführung und Nachbereitung sind das A und O. Scheuen Sie sich nicht davor, für Planung und Durchführung professionelle Unterstützung von außen in Anspruch zu nehmen. Damit die Messe für Ihr Unternehmen ein absoluter Erfolg wird.

Wie mir mein soziales Netzwerk ganz spielerisch beim Design meines neuen Unternehmenslogos half

Wer sich am Standard orientiert, ist selbst Standard. Standard ist vergleichbar – vergleichbar mit allen anderen, die das Gleiche tun und das Gleiche verkaufen. So sind auch die Preise vergleichbar. Und am Ende siegt nicht der Beste, sondern derjenige mit den kleinsten Zahlen auf dem Angebot.

Ob Webseite, Unternehmensbroschüre oder Visitenkarte, ob die Auftritte in den Sozialen Medien oder sonstigen Medien: Ihr Außenauftritt muss zu Ihnen und Ihrem Unternehmen passen – Ihrer Corporate Identity (CI) entsprechen – und vor allem: er muss authentisch sein.

So war wieder einmal ein Facelifting meines Unternehmenslogos an der Reihe.

Ich startete zunächst mit einem Entwurf, den ich an meine Facebook-Kontakte postete – verbunden mit der Frage, ob denn Variante A oder B die bessere sei. Es war mir klar, dass es am Ende weder die Variante A noch B sein würde, sondern dass sich im Laufe der Diskussion neue Ideen und Anregungen entwickeln, die zu einem ganz anderen Ergebnis führen können.

Diese Vorgehensweise erfordert natürlich Flexibilität und die Bereitschaft, sich auch auf etwas Neues einzulassen, wenn die Mehrheit dies so bestätigt.

Vermeiden Sie während des Diskussionsverlaufes eigene Kommentare. Vor allem solche, in denen Sie Ihren Entwurf begründen oder verteidigen. Lassen Sie der Diskussion einfach freien Lauf, und schalten Sie sich erst dann wieder ein, wenn Sie das Gefühl haben, dass ein Ergebnis gefunden wurde.

Bewerten Sie das Ergebnis, korrigieren Sie es nach Ihren eigenen Vorstellungen und bedanken Sie sich bei Ihren Diskussionspartnern für die gemeinsame Ideenfindung.

Und so sieht das Ergebnis aus:

alt: Hubert **Baumann**

neu: Hubert **Baumann**
Unternehmensentwicklung

Auf diese Weise haben mich meine Kunden und Interessenten spielerisch beim Design unterstützt, und mich damit intuitiv für meine Zielgruppe richtig positioniert.

Probieren Sie es aus!

"Die Befestigung ist die Rechnung." Ich liebe diese vollautomatischen Übersetzungen ...

"Die Befestigung ist die Rechnung, die Sie gefragt haben ..." hieß es in der Antwortmail auf meine Anfrage nach der fehlenden Rechnung.

Ich liebe diese vollautomatischen Übersetzungen – vor allem, wenn solche Stilblüten dabei herauskommen. In der Tat dauerte es einen Moment bis ich den Text verstanden hatte ...

... und da man das englische Wort "Attachment" nicht nur als "Anlage", sondern auch als "Befestigung" übersetzen kann, verwandelte sich das Fragezeichen in meinem Gesicht allmählich in ein lautes Lachen.

In einer Kundenkommunikation sollten Sie solche vollautomatischen Übersetzungen jedoch besser vermeiden. Vor allem, wenn diese ungeprüft und ohne Qualitätskontrolle auf den Kunden losgelassen werden.

Hier helfen in der Regel professionelle Übersetzer und Übersetzerinnen weiter, die sicherlich auch gebräuchliche Standardfloskeln übersetzen.

Wie auch in vielen anderen Situationen im Unternehmensalltag ist die Frage nicht, ob Sie sich den Experten leisten können oder wollen – sondern vielmehr, welchen Schaden Sie anrichten, wenn Sie auf ihn verzichten.

Stichwort: Kundengewinnung und Kundenbeziehungspflege

Es dauert viele Momente,

**einen Kunden zu gewinnen
und von sich zu begeistern,**

aber nur einen einzigen Moment,

ihn zu verärgern und zu verlieren.

Aus den Augen – aus dem Sinn ....

Wenn ein Unternehmen wächst, braucht es meist Platz. Das gilt auch im Handwerk, wo eine Expansion meist mit einem Mehr an Fuhrpark und Lagerfläche verbunden ist.

So hatte das ortsansässige Handwerksunternehmen – aus der Not geboren – überall im Ort verteilt Abstellflächen angemietet. An den Logos gut erkennbar warben die Fahrzeuge flächendeckend für das Unternehmen.

Dass eine solche Infrastruktur unpraktisch ist, weiß jeder, der schon mal in einer Firma gearbeitet hat, bei der Abteilungen über mehrere Standorte verteilt waren. So hat sich der Handwerksbetrieb irgendwann entschieden, die verschiedenen Standorte auf einem neuen Betriebsgelände mit einer großen Lager- und Fahrzeughalle außerhalb des Ortes zu konsolidieren.

Eine gute Entscheidung, die den Arbeitsprozess sicherlich deutlich vereinfacht. Allerdings war von diesem Moment an auch die "flächendeckende Werbung" des Unternehmens aus dem Ortsbild verschwunden.

"Aus den Augen – aus dem Sinn"
lautet ein altes Sprichwort.

Achten Sie darauf, dass Sie die auf diese Weise wegfallende Werbung mit geeigneten Maßnahmen kompensieren.

Das Minimax-Prinzip: Nicht gießen, nicht düngen, aber dennoch reichlich ernten ...

In der Schule im Wirtschaftskundeunterricht lernte ich das sogenannte "ökonomische Prinzip" kennen.

Für alle, die das ökonomische Prinzip nicht kennen oder einfach nur mit dem Begriff nichts anfangen können:

Das ökonomische Prinzip besagt, dass zwischen dem Einsatz der Mittel und dem erwarteten Ertrag ein möglichst optimales Verhältnis hergestellt werden muss.

Aus dieser Theorie ergeben sich die folgenden Wirtschaftlichkeitsprinzipien:

1. Das Minimalprinzip:
   mit einem <u>minimalen</u> Mitteleinsatz
   ein <u>gestecktes Ziel</u> erreichen.
2. Das Maximalprinzip:
   mit <u>gegebenen Mitteln</u> einen möglichst
   <u>maximalen Erfolg</u> erreichen.

Heute las ich in einem der typischen nicht bestellten E-Mail-Newsletter:

> *"Sie suchen qualifiziertes Personal*
> *und möchten dabei Geld sparen"*

Das wäre dann so etwas wie die Kombination dieser beiden Wirtschaftlichkeitsprinzipien:

- Nennen wir es das "Minimax-Prinzip": mit dem minimalsten Aufwand den maximalsten Erfolg erzielen,
- die Quadratur des Kreises sozusagen,
- kein Geld ausgeben, kein Marketing betreiben, und ohne Aufwand erfolgreich und reich werden,
- selbst aus einer nicht vorhandenen Zitrone möglichst viel Zitronensaft herauspressen,
- oder anders formuliert: Nicht gießen, nicht düngen, aber trotzdem eine möglichst hohe Ernte erwarten.

Das klingt zwar verlockend, funktioniert in der Praxis aber leider nicht.

Wenn ich mich durch die zahlreiche Werbung klicke, die über den Tag hinweg auf mich einströmt, und dort sehe, mit welchen Slogans und Versprechungen hin und wieder geworben wird, gewinne ich immer wieder der Eindruck: "Da haben wohl einige wirklich nicht aufgepasst." Oder es gibt einfach genügend Mutige mit Pioniergeist, die versuchen, diese uralten Wirtschaftlichkeitsprinzipien doch noch zu überlisten.

Meine Bitte: Geben Sie mir bitte Bescheid, wenn es Ihnen gelungen ist.

Arbeiten Sie an den Leitlinien Ihres Unternehmens, und setzen Sie diese nachhaltig in Ihrem Handeln um.

Täglich erleben wir Unternehmen, die viel versprechen, aber am Ende doch nichts davon einhalten, was versprochen wurde.

Der Grund: Es sind reine Marketingaussagen. ...

Slogans, die von einer Agentur gegen Bezahlung erstellt wurden und die weder vom Unternehmer selbst noch von den Mitarbeiter im Unternehmen gelebt und umgesetzt werden.

Umso erfreulicher ist es, dass es auch positive Beispiele gibt: Unternehmen, die halten, was sie versprechen, und die als gutes Beispiel vorangehen.

Beim Bummeln durch eine Fußgängerzone entdeckte ich ein kleines Selbstbedienungsbistro. Trotz Selbstbedienung kümmerten sich die beiden Damen hinter der Theke selbstverständlich auch um die Gäste direkt am Tisch.

Qualität, Service, Freundlichkeit und das "gewisse Etwas", das man nicht beschreiben kann, das aber klar signalisiert: Hier bist Du als Gast willkommen, und Deine Wünsche werden ernst genommen. Es hat einfach alles gepasst.

Beim Verlassen entdeckte ich im hinteren Teil des Bistros eine Tafel mit der Aufschrift:

> „Ihre Wünsche
>
> sind unsere
>
> Motivation!"

Ich habe bisher wenige Unternehmen kennengelernt, bei denen sich die Unternehmensleitlinien so direkt auf den Service und die Kundenzufriedenheit ausgewirkt haben.

Nur eines würde ich anders machen: Ich würde diese Tafel ganz weit nach vorne hängen, damit jeder sie sehen kann.

Natürlich konnte ich es mir nicht nehmen lassen, über diese Erfahrung in meinem Blog zu berichten. Lesen Sie im folgenden Kapitel, was einige Tage später geschah.

So werden Lob und Empfehlung zum Bumerang für Ihre Firma

Einige Tage später fand ich auf der Facebookseite des Bistros einen Hinweis auf meinen Blogbeitrag, der mir zahlreiche neue Besucher bescherte.

So funktionieren echtes Empfehlungsmarketing und Mundpropaganda.

In den seltensten Fällen lässt jemand, der gelobt wird, dies einfach so auf sich sitzen. Er oder sie ist stolz darauf und wird dies in irgendeiner Weise weitersagen.

So werden Lob und Empfehlung zum Bumerang.

Auf eine Aktion folgt eine Reaktion. Nicht immer, aber meistens. Wichtig ist, dass man dabei authentisch und ehrlich bleibt. Sobald Berechnung ins Spiel kommt, wird der Effekt ausbleiben.

Empfehlungsmarketing: Wie das mit der richtigen Idee gelingt

Interessanterweise denken viele, wenn sie den Begriff "Empfehlungsmarketing" hören, zunächst an Strukturvertriebe, die ihre Produkte über ein professionell aufgebautes Netzwerk von Vertriebspartnern oder Empfehlungsgebern vermarkten.

Klassisches Empfehlungsmarketing – in Form von Mundpropaganda – läuft dagegen oft unbewusst ab, ohne dass Empfehlungsgeber und Empfänger der Empfehlung dies bewusst als solche wahrnehmen.

Die Kunst dabei ist, diese Mundpropaganda mit ein paar guten Ideen so anzufeuern, dass sich Ihre Botschaft von alleine verbreitet.

Empfehlungsmarketing bedeutet: Neue Kunden durch zufriedene Kunden. Zufriedene Kunden, die Ihr Unternehmen und Ihre Produkte bei jeder passenden Gelegenheit gerne weiterempfehlen.

Der Irrglaube von geposteten Toilettenbesuchen in sozialen Netzen.

"Was interessieren mich die Toilettenbesuche wildfremder Menschen …"

… dies war wieder einmal das Hauptargument, das mir bei einem Interessentengespräch entgegenschlug, als es um einen möglichen Einstieg des Unternehmens in soziale Netzwerke ging.

Ein Irrglaube, wie ich meine. Und ein Vorurteil, das meist von Menschen kommt, die sich mit diesen Netzwerken noch nicht oder bisher nur oberflächlich beschäftigt haben. Oder eben nur eine gute Ausrede zu haben, um etwas nicht tun zu müssen, was mittlerweile im Unternehmensumfeld einen absoluten Standard darstellt.

Natürlich wird in sozialen Netzen viel kommuniziert, viel gepostet. Sinnvolles, Interessantes, Wertvolles, und logischerweise auch viel unnützer Müll.

Die Herausforderung dabei ist, sich seinen eigenen Informationskanal richtig zusammenzustellen – also das Nützliche und Wertvolle vom Unwichtigen und Wertlosen zu trennen. Dies ist allemal geschickter als den neuen Medien komplett aus dem Weg zu gehen, da man mit seinem Boykott ja nicht nur die unnützen Informationen eliminiert, sondern auch auf die wertvollen Informationen verzichtet.

Würden Sie zum Beispiel eine Stadt komplett meiden, nur weil es in dieser Stadt einen Marktplatz gibt, auf dem es frischen Fisch zu kaufen gibt – nur weil Sie keinen Fisch mögen? Nein – sicher nicht. Sie werden trotzdem in dieser Stadt einkaufen und sich dort wohlfühlen. Sie werden vielleicht sogar den Markt besuchen. Lediglich um den Stand mit den Fischen werden Sie einen großen Bogen machen. Oder vielleicht sogar hingehen und schauen, aber dann weitergehen.

Ähnlich verhält es sich bei den sozialen Netzen. Auf einer in sich neutralen Plattform sucht sich jeder seine Freunde und stellt sich Informationen zusammen, wie sie für ihn oder sie relevant oder wichtig sind. Wenn Sie sich mit Lieschen Müller virtuell "anfreunden", werden Sie von nun an über alles informiert, was Lieschen Müller für ihr Netzwerk bereitstellt.

Wer die Seite einer Wirtschaftszeitschrift oder der örtlichen Tageszeitung abonniert, erhält von nun an alle Nachrichten, die diese Wirtschaftszeitschrift bzw. die Tageszeitung postet. Auf diese Weise ist man oftmals deutlich schneller informiert, als andere, die die Zeitung erst am Folgetag in gedruckter Form lesen.

Und wer die Fanpage der "Trink- und Schluckspechte" liked, erhält eben von nun an alle Informationen der "Trink- und Schluckspechte". Und wenn Sie Lieschen Müller oder die Schluckspechte nicht mögen oder deren Postings für irrelevant halten, sollten Sie den Kontakt zu ihnen entfernen oder erst gar nicht aufnehmen.

Auf diese Weise stellt sich jedermann sein Portfolio selbst zusammen. Vergleichbar mit einer Stadt, in der sich jeder seine Freunde sucht und selbst entscheidet, welches Geschäft und welches Lokal er/sie besuchen möchte, und mit welchen Informationen er/sie gerne versorgt sein möchte.

Unternehmen haben bei diesem Spiel eine Doppelrolle:

Sie sind einerseits Konsument, in dessen Rolle sie wichtige Informationen aus dem Markt für sich aufgreifen können. Andererseits haben sie die große Chance, sich in diesen Netzwerken mit Mehrwert zu präsentieren – so dass sie von möglichst vielen Menschen wahrgenommen und abonniert werden.

So pflege auch ich mein eigenes Netzwerk mit Bedacht und scheue mich auch nicht, jemanden heraus zu löschen, der mich ausschließlich mit unnötigen Informationen „zuspamt". Auf diese Weise lassen sich die Postings von Besuchen der anfangs erwähnten gekachelten Räumlichkeiten weitgehend ausschließen.

Nur diese Entscheidung muss jeder selbst für sich treffen. Wer keinen Fisch mag, aber trotzdem den Fischstand besucht und Fisch kauft, darf sich zu Hause nicht über den toten Fisch in seiner Einkaufstasche wundern.

Mein Tipp: Engagieren Sie sich in sozialen Netzwerken und machen Sie potentielle Kunden mit Mehrwert auf Sie aufmerksam.

Wie kurzfristige Umsatzziele Innovation und Strategie ausbremsen

Es gibt selten Begriffe, die im Unternehmensalltag so häufig missbraucht werden, wie die Begriffe "Zusammenarbeit" und "Partnerschaft". Doch häufig ist die Partnerschaft beendet, noch bevor sie begonnen hat, und die Strategie und langfristige Entwicklung des Unternehmens bleiben dabei auf der Strecke.

Dazu meine Geschichte:

Vor einiger Zeit rief mich ein Mitarbeiter eines kleinen Softwareunternehmens an. Er hatte meinen Namen in einem Veranstaltungskalender unter den Referenten gefunden und war der Meinung, dass ich unbedingt noch vor der Veranstaltung sein Produkt kennenlernen müsse. Er war sich sicher, dass eine Zusammenarbeit in Form einer Partnerschaft zwischen seinem Unternehmen und mir viel Sinn machen würde.

In einem kostenlosen Testzugang sollte ich mich von der Qualität seines Produktes überzeugen und ihm auch mögliche Verbesserungsvorschläge mitteilen.

Verbesserungsvorschläge? Ja, da gab es jede Menge.

Das teilte ich ihm auch mit. Um diese zusammenzufassen, hätte ich allerdings etwas tiefer in die Analyse einsteigen müssen. Aufwand: etwa 1 - 2 Personentage, schätzte ich. Nein, das wollte man allerdings nicht investieren. Und auf keinen Fall Geld ausgeben.

Stattdessen ging es nun zum wahrscheinlich eigentlichen Anliegen der Kontaktaufnahme: dem Angebot einer prozentualen Beteiligung an dem Verkauf jener Lizenzen, die über meine Empfehlung verkauft werden.

Aha, daher wehte also der Wind.

Nein, diesen Gefallen konnte ich dem Unternehmen nun wirklich nicht tun. Zumal es bei der Veranstaltung, bei der ich als Referent eingeladen war, nicht einmal im Ansatz um Software gehen würde.

Als mein Gesprächspartner dies hörte, erfuhr unser Telefonat eine ungeahnte Dynamik – in Form einer Beschleunigung. Er hat sich danach nie mehr bei mir gemeldet.

So schnell kann das gehen mit „Zusammenarbeit und Partnerschaft". Sie war beendet, noch bevor sie begonnen hatte, wurde sie doch anfangs von meinem Gegenüber mit so viel Mehrwert für beide Seiten angepriesen.

In Wirklichkeit ging es auch eher um den schnellen Zugang zu meinen Kunden und Seminarteilnehmern. Oder anders formuliert: um einen Multiplikator und Empfehlungsgeber für ein Produkt, das zum derzeitigen Zeitpunkt noch nicht einmal empfehlenswert war.

Doch so ist das leider: Wenn kurzfristig Umsatz generiert werden muss, treten langfristige Entwicklungspotentiale in den Hintergrund. Ein Dilemma, in dem – leider – sehr viele Vertriebsmitarbeiter stecken.

Der Trick mit den "vergessenen" Visitenkarten

Jetzt hatte ich doch glatt drei Visitenkarten auf dem Konferenztisch bei meinem Kunden "vergessen". Ausgerechnet in dem Raum, in dem anschließend die Vorstandssitzung stattfinden sollte.

Zum Glück hatte ich eine fürsorgliche Kollegin, die die Kärtchen heimlich einsammelte und mir dann im Treppenhaus lächelnd mit einem Hinweis zusteckte. Blieb mir nur noch, mich freundlich zu bedanken und ihr im Nachhinein meine Absicht zu erklären.

Es gibt viele Gelegenheiten, bei denen man Visitenkarten "vergessen" kann. Nur sprechen Sie bitte vorher mit Ihren Kollegen darüber.

Tipp Empfehlungsmarketing: Empfehlungen belohnen

Es gibt nichts Schöneres für ein Unternehmen, von zufriedenen Kunden weiterempfohlen zu werden. Immerhin ist dies nicht nur eine Bestätigung für die eigene Arbeit, sondern auch eine sehr kostengünstige Methode, Marketing zu betreiben. "Lassen Sie doch Ihre Kunden für sich arbeiten ..." schrieb ich vor einiger Zeit in einem Fachartikel.

Allerdings sollte jedes Unternehmen die entsprechenden Impulse setzen, um Empfehlungen nicht dem Zufall zu überlassen.

Eine Möglichkeit ist zum Beispiel, die ausgesprochene Empfehlung mit einem kleinen Dankeschön zu belohnen.

So geht dieses Büchlein, das Sie gerade in Händen halten, hin und wieder als kleines Dankeschön an ausgewählte Geschäftspartner und Kunden. Im Inneren des Deckblattes mit einer persönlichen Widmung

"Herzlichen Dank für Ihre Weiterempfehlung und viel Spaß beim Lesen".

Es muss ja nicht immer Geld sein. Häufig ist eine Anerkennung in Form einer kleinen Aufmerksamkeit wertvoller und bleibt länger in Erinnerung.

Thema Preiserhöhungen – Wie erkläre ich's meinen Kunden?

Gestiegene Einkaufspreise veranlassen Unternehmen, ihre eigene Preiskalkulation zu überdenken und selbst die Preise zu erhöhen.

Eine Situation, die im Alltag regelmäßig vorkommt.

Einer meiner Lieferanten verkündete mir seine Preiserhöhung mit den Worten: "wie Sie aus Presse, Funk und Fernsehen schon erfahren haben, steigen die Preise ...".

Meine Meinung:

Etwas mehr Mühe hätte man sich mit der Argumentation schon geben können, anstatt den Kunden mit dem lapidaren Satz nach dem Motto

"Sie wissen 's ja eh schon"

zu beschwichtigen.

Eine Preiserhöhung ist für Kunden immer ein Anlass, nach Alternativen Ausschau zu halten. Selbst zufriedene Kunden werden wechselwillig, sobald es um den eigenen Geldbeutel geht.

Wie gehen Sie mit der Situation um, wenn die eigenen Einkaufskonditionen Sie zu Preiserhöhungen zwingen?

Stillschweigend erhöhen? Der Kunde wird's vielleicht nicht merken? Oder begründen Sie die Beweggründe für Ihre Preiserhöhung und kommunizieren Sie diese Ihren Kunden offen?

Mit der richtigen Argumentation und den richtigen Rahmenbedingungen ist es sicherlich möglich, eine Preiserhöhung erträglich zu gestalten und die Akzeptanz der Kunden – zumindest teilweise – zu erreichen.

Zum Beispiel lässt sich eine Preiserhöhung in Verbindung mit einem kleinen Mehrwert oft gut verpacken. So hat der Kunde zumindest das Gefühl, für mehr Geld auch etwas mehr zu bekommen.

Wie wichtig es ist, bei einer Preiserhöhung Fingerspitzengefühl walten zu lassen, zeigt die Geschichte in dem folgenden Kapitel.

Zu Risiken und Nebenwirkungen fragen Sie bitte Ihre Kunden

Auch wenn Preiserhöhungen bei Kunden noch so unbeliebt sind, und man die Auswirkungen vorher nie in voller Konsequenz abschätzen kann – sind sie dennoch oft notwendig. Doch manchmal bringen solche Entscheidungen Prozesse ins Rollen, die man hätte vorhersehen können.

Wie eine unüberlegte Preiserhöhung die Kundenstruktur total verändern kann:

"Ich hatte mich seit vielen Jahren an dieses Apartment-Hotel gewöhnt. Es waren überwiegend Geschäftskunden, die dort abstiegen, Geschäftskunden, die meist längere Zeit blieben und das Haus während ihrer Projekte als vorrübergehende Wohnung nutzten. Das Haus war meist gut belegt. Doch die Gäste fielen kaum auf. Ein ruhiges Haus, in dem alle pfleglich mit dem umgingen, was sie um sich herum fanden. Denn die meisten Gäste hatten ein ureigenes Interesse daran.

An die jährlichen Preiserhöhungen hatte ich mich gewöhnt. Doch in einem Jahr fielen sie besonders drastisch aus. Nebenkosten hatten sich deutlich erhöht, und man hatte sich im Preis wohl etwas verkalkuliert, bestätigte man mir auf Anfrage. Als Unternehmensberater verstehe ich diese Situation sehr gut. Sie ist nachvollziehbar. Als Kunde, der selbst seine Ausgaben kalkulieren muss und für Übernachtungen ein klares Budget hat, hält sich mein Verständnis jedoch in Grenzen. Ein Berater, der seine Leistung zu festen Tagessätzen anbietet, in die Reise- und

Übernachtungskosten bereits einkalkuliert sind, muss nach einer solchen Preiserhöhung seine Kalkulation ebenso überdenken, wie auch vorher das Hotel dies getan hatte. Was mir blieb, war, mich nach einer neuen Bleibe umzuschauen. Und außer mir ging es wohl vielen anderen Stammkunden ebenso, wie ich später erfahren sollte. ...

Vor einigen Monaten – meine "neue" Unterkunft war total ausgebucht – fiel mir mein ehemaliges Apartmenthotel wieder ins Auge. Dieses Mal allerdings nicht als Businessangebot, sondern in einem Portal – unter den Schnäppchen. Der Angebotspreis war dort niedriger als der, den ich als Stammgast vorher jemals bezahlt hatte. Also buchte ich mich ein – nein, nicht als Stammgast, sondern als "Schnäppchenjäger". Schließlich hatte es offensichtlich zu viele Nachteile, Stammgast sein zu dürfen. Was mich in dem Haus erwartete, war dann allerdings nicht weniger überraschend.

Außer mir waren sehr viele andere Schnäppchenjäger gekommen. Reisegruppen und Familien aller Nationalitäten, die dort überwiegend ihren Kurzurlaub verbrachten, so mein Eindruck. Dies ist an sich nichts Schlimmes, doch wenn sich die Aufenthalte allzu sehr auf die Flure, die Aufzüge und das Foyer ausdehnen, kann dies schnell laut und störend werden. Die Kundenklientel in dem Hotel hatte sich komplett verändert. Aus dem ruhigen Business-Hotel war eine turbulente Unterkunft für Kurzurlauber geworden. Ob das der Hotelleitung bei ihrer damaligen Preiserhöhung bewusst war? Möglicherweise hatte sie die Reaktion des "Marktes" komplett verkannt."

**Aber welche Entscheidung wäre
in dieser Situation richtig gewesen?**

Kopf oder Bauch? Alarmsignal – hier spricht Ihr Unterbewusstsein!

Wenn mich jemand fragt, ob ich meine Entscheidungen aus dem Kopf oder aus dem Bauch heraus treffe, dann antworte ich in der Regel: "aus dem Bauch".

Und dafür gibt es einen Grund. Lesen Sie weiter.

Kennen Sie das? Sie haben sich mit einer wichtigen Entscheidung besonders viel Mühe gemacht, haben sich informiert, Fakten gesammelt, alles schön sauber in einer Tabelle gegenübergestellt, stundenlang gerechnet, und gelangen anhand dieser Fakten zu einer eindeutigen Entscheidung – für Variante A, B oder C.

Aber dennoch ist in Ihrem Bauch dieses gewisse Grummeln. Dieses Grummeln, das Ihnen signalisiert, ob diese Entscheidung wirklich die Richtige ist? Dieses Grummeln, das Sie nicht deuten können, das Sie weder mit Beweisen noch mit Fakten belegen können. Aber es ist da – und es hegt plötzlich den Anspruch, bei Ihrer Entscheidung mitreden zu wollen.

Alarmsignal – Hier spricht Ihr Unterbewusstsein!

Der Kopf sagt A, aber der Bauch sagt eindeutig "Lass die Finger weg, nimm C". Der Kopf begründet seine Meinung mit den vorliegenden Fakten. Aber leider verrät Ihnen Ihr Bauch nicht, warum er die Meinung des Kopfes in diesem Fall nicht teilt. Sie können nun darauf vertrauen, oder es eben sein lassen. Egal, wie Sie sich entscheiden, es kann falsch sein. "Hätte ich doch auf meinen Bauch gehört" –

"Hätte ich mich doch auf Fakten verlassen" – könnte später der Vorwurf lauten.

Wenn Sie in eine Organisationsstruktur eingebunden sind und Sie Ihrem Chef Ihre Entscheidung begründen müssen, werden Sie sagen: "Es ist mein Bauchgefühl". Ihr Chef wird lächeln, Sie wegschicken und Ihnen erklären, Sie mögen bitte wiederkommen, wenn Sie Fakten vorlegen können.

Meine Entscheidung wäre in diesem Fall klar. Der Bauch erhält den eindeutigen Vorrang. Und das "ohne Wenn und Aber". Ohne dies zu begründen und ohne mir hinterher Vorwürfe zu machen.

Denn ich weiß, dass mich mein Unterbewusstsein in der Regel nicht anlügt.

Wie würden Sie entscheiden? Kopf oder Bauch?

Social Media praktizieren heißt auch: Soziale Kompetenz zeigen!

Die Entscheidung, sich in Social Media zu betätigen, ist in einem Unternehmen schnell getroffen. Hat es doch zweifelsfrei einigen Zusatznutzen zu den klassischen Marketing- und Kommunikationsmöglichkeiten.

Doch letztlich ist es in der Social Media Welt wie im echten Leben:

Menschen kommunizieren mit Menschen!
und: Menschen kaufen von Menschen!

Stimmen Kommunikation und Beziehungsebene nicht, sind auch das beste Produkt und die beste Strategie machtlos. (ergänzend sei erwähnt: Es gibt natürlich noch ein paar andere Faktoren, die eine Rolle spielen.)

Die Kommunikation zwischen Ihnen und Ihren Kunden kann durch Social Media unterstützt werden. Aber es ist und bleibt dabei eine Kommunikation zwischen Ihnen – Ihrem Management, Ihren Mitarbeitern – und Ihren Kunden und Interessenten.

Social Media Agenturen können Sie beim Aufbau und der Ideenfindung unterstützen und Ihnen Tipps und Empfehlungen für den Umgang mit den Tools und die Kommunikation geben.

Hierbei müssen Fragen geklärt werden, wie

- Wie viel Social Media "vertragen" Ihre Kunden, wie viel "verträgt" Ihr Unternehmen?
- Was ist die richtige Mischung zwischen den klassischen Vertriebs- und Marketingmethoden und Social Media?
- Was will / kann / darf ich kommunizieren?
- Welche Mitarbeiter werden für die Kommunikation verantwortlich und zuständig sein? Wie werden diese von den anderen Mitarbeitern unterstützt?
- Wie gehe ich mit Anregungen, Kritiken oder Einwänden um, die über diese Medien an unser Unternehmen herangetragen werden?

Wenn ich in Gesprächen mit meinen eigenen Kunden und Unternehmen höre, dass diese sich zwar für Social Media entschieden haben, im nächsten Satz aber erwähnen, diese Aufgabe komplett an eine Agentur übertragen zu haben, werde ich daher meist nachdenklich.

Ist diese Aufgabe nicht zu wichtig, um sie komplett in fremde Hände zu geben? Ist die Agentur in der Lage, in Ihrem Namen authentisch genug zu kommunizieren?

Social Media im Unternehmen ist Unternehmenssache. Um genauer zu sein: sogar „Chefsache".

Dreimal "Nein" ist immer noch "Nein" – oder: Verkaufen Sie Ihre Kunden bitte nicht für dumm!

Akzeptiere auf keinen Fall ein "Nein", es könnte ein versticktes "Ja" sein. Mit geschickter Einwandbehandlung agieren und den Kunden überzeugen. Oder ist es eher ein "überreden"?

Ein guter Verkäufer kann schließlich alles verkaufen, sagt man. Er verkauft den Eskimos Kühlschränke, den Wüstenbewohnern Skilifte und den Pazifisten Panzer.

„Bedarf lässt sich immer und überall erzeugen, auch da wo gar keiner ist. Auf keinen Fall ein „Nein" akzeptieren. Denn dann ist das Verkaufsgespräch schon verloren."

Das ist zumindest die Aussage, die man in der Vergangenheit in vielen Verkaufsschulungen lernte.

Aber ist das wirklich so?

„Was um Himmels Willen hatte der Verkäufer im Foyer der Ladenpassage nicht verstanden? "Nein, ich habe kein Interesse" hatte ich mittlerweile dreimal klar und deutlich geäußert. Ich hätte weitergehen können, ihn einfach stehenlassen können. Aber den weiteren Verlauf des Gespräches wollte ich mir nicht entgehen lassen. Dann habe ich ihm angeboten, ihm den Sinn des Wortes "Nein" gerne zu erklären. Daraufhin hat ER MICH stehen lassen - ohne einen Blick, geschweige denn ein weiteres Wort oder einen Abschiedsgruß - und hat sich einem anderen

Passanten zugewendet. Hoffentlich ein "Ja-Sager", der weniger bockig auf seine Argumente reagiert."

Was lernen wir nun aus dieser Geschichte?

Verkaufen Sie Ihre Produkte und Dienstleistungen, verkaufen Sie Nutzen und Mehrwert, verkaufen Sie mit Freude und mit Begeisterung.

Aber verkaufen Sie um Himmels Willen eines nicht: Ihre Kunden „für dumm".

Wie gehen Sie mit "Neinsager-Kunden" um?

Alleinstellungsmerkmale – Zeigen Sie Ihren Kunden, was Sie besser können als andere

Um Produkte und Dienstleistungen gut vermarkten zu können, ist es wichtig, die Besonderheiten herauszuarbeiten. Was machen Sie besser als andere? Was haben Sie, was andere nicht haben? In der Marketingsprache nennt man diese Besonderheiten „Alleinstellungsmerkmale" oder „Unique Selling Propositions" (USP).

Mein Tipp:

- Erarbeiten Sie gemeinsam mit Ihrem Team die Alleinstellungsmerkmale Ihres Unternehmens und Ihrer Produkte.
- Verinnerlichen Sie sich diese Punkte, sodass Sie sie bei Kundengesprächen immer präsent im Kopf haben.
- Weisen Sie auch auf Broschüren und auf Ihrer Webseite auf Ihre USPs hin.

Wer mit Mehrwerten punktet, wird sich im Verkaufsgespräch so manche Preisdiskussion ersparen.

Marketing 2.0, Social Media und Blog: Spaß, Ausdauer und Durchhaltevermögen sind gefragt.

Wer sich im Marketing 2.0, mit Social Media und Bloggen, engagieren will, muss Ausdauer mitbringen. Wer nur Profile anlegt und danach auf die Besucherströme wartet, die von nun an ohne weiteres Zutun auf das eigene Unternehmen einprasseln, wird voraussichtlich enttäuscht sein.

"Von nichts kommt nichts – Ausdauer ist gefragt".

Doch wer Spaß an der Kommunikation im Netz hat und durchhält, wird auch belohnt. Dies beweisen zahlreiche erfolgreiche Unternehmen, auch aus dem Umfeld von KMU- und Handwerkbetrieben.

"Wieviel Zeit muss man investieren?"

Diese Frage kommt verständlicherweise immer wieder. "Eine Stunde pro Tag, die Sie von nun an dauerhaft investieren sollten", lautet meine Antwort. Zwei Blogbeiträge pro Woche und eine Vorlaufzeit von mindestens einem halben Jahr sollten einkalkuliert werden, bis man am Markt überhaupt wahrgenommen wird. Dies klingt zunächst viel. Doch wenn Sie davon ausgehen, dass Sie damit auch Zeit bei der klassischen Kundenakquise einsparen, wird sich dieser Aufwand im Laufe der Zeit relativieren.

Social Media und Newsletter

"Kann ein Unternehmen durch einen Blog und ein durchdachtes Social Media-Konzept seinen Newsletter ersetzen?"

Diese Frage erhielt ich sinngemäß von einem Leser meines Buches "Marketing 2.0 für Handwerk und KMU".

Hintergrund der Frage:

Während der Versand von Newslettern noch vor einigen Jahren eine wirkungsvolle Marketingmethode darstellte, wird dies in den letzten Jahren immer schwieriger. Zum einen gibt es zwischenzeitlich Gesetze, die den Versand nur unter ganz bestimmten Voraussetzungen erlauben. Eine dieser Voraussetzungen ist zum Beispiel die eindeutige Zustimmung des Adressaten. Verschickt der Absender trotzdem, riskiert er eine Abmahnung.

Zum zweiten gibt es immer mehr Menschen, die Newsletter – welcher Art auch immer – kategorisch ignorieren und wegklicken. Die Aufforderung "Bitte keine Werbung einwerfen", die als Aufkleber an vielen Hausbriefkästen klebt, gewinnt so auch im Internet zunehmend an Bedeutung.

Wie soll man seinen Newsletter bei der zunehmenden E-Mail-Flut wirkungsvoll hervorheben?

Sind Blog und Social Media die geeignete Alternative?

Der wesentliche Unterschied: Während es sich beim Newsletter um sogenannte Push-Werbung handelt, bei der der Newsletter aktiv vom Anbieter an den Kunden verschickt wird, ist der Blogschreiber darauf angewiesen, dass der Leser die Initiative ergreift und sich im Blog informiert.

Ähnlich ist es auch bei den Social Media-Kanälen wie Facebook, Twitter oder Google+. Erhält der Leser auf den entsprechenden Seiten den gewünschten Mehrwert, wird er die Seite abonnieren. Erhält er den Mehrwert nicht, wird er schnell sein "Abo" wieder beenden.

Das Zauberwort "Mehrwert"

Das Zauberwort heißt also "Mehrwert"! Dieser Mehrwert kann aus Informationen bestehen, aber auch aus Werbung, z. B. den regelmäßigen Sonderangeboten von Discountern, die man ja eigens dafür abonniert, um kein Schnäppchen zu verpassen. Aber auch ein Mehrwert in Form eines Unterhaltungswertes ist denkbar: Unternehmen, die über Geschichten aus Ihrem Unternehmensalltag berichten, und so ihr Unternehmen für ihre Leser greifbar machen, einen Unterhaltungswert bieten und damit Mundpropaganda erzeugen.

Bieten Sie Ihren Lesern diesen Mehrwert, dann bleiben sie Ihnen erhalten.

Meine Erfahrung

Ich selbst verzichte seit vielen Jahren für mein Unternehmen auf den Versand von Newslettern. Ich nutze die beschriebenen Kanäle. Außerdem habe ich gelernt, meine Texte so zu gestalten, dass sie auch bei Google und anderen Suchmaschinen gut gefunden werden. Meine Erfahrung: Durchweg positiv.

Ein Beispiel „pro" Newsletter

In einem Kundenprojekt, das ich vor ein paar Jahren betreut habe, haben wir regelmäßig (ca. alle 6 Wochen) einen Newsletter verschickt. Das Interessante daran war, dass in den Folgetagen die Kundenanfragen meist deutlich zunahmen. Allerdings bezogen sich diese Anfragen in den seltensten Fällen auf die Inhalte des Newsletters, sondern auf andere Themen. Es war also nicht der Inhalt ausschlaggebend, sondern vielmehr die Tatsache, dass sich das Unternehmen mit seiner E-Mail in Erinnerung brachte.

Kann Social Media einen Newsletter ersetzen?

"Es kommt darauf an", wäre vielleicht die richtige Antwort. Wie viele Menschen gibt es, die mit Facebook & Co. nichts am Hut haben wollen, aber dennoch regelmäßig E-Mails lesen!

Letztlich bleibt der Versuch, beide Varianten parallel auszuprobieren, zu beobachten und danach zu entscheiden.

Kann ein Blog die Webseite ersetzen?

Dies war die zweite Frage meines "Marketing 2.0 für Handwerk und KMU"-Lesers.

Für alle, denen der Begriff „Blog" fremd ist bzw. diejenigen, die sich mit der Blogtechnologie noch nicht befasst haben, eine generelle Erläuterung:

Was ist ein Blog?

Ein Blog ist eine Art virtuelles Tagebuch im Internet, das laufend fortgeschrieben werden kann. Die alten Informationen gehen dabei nicht verloren, sondern rutschen in der Liste einfach um einen Beitrag nach unten. In der Regel werden die Beiträge mit einem Zeitstempel versehen, sodass der Leser sich schnell ein Bild über die Aktualität des Beitrages machen und auch in der Historie "nachblättern" kann.

Im Gegensatz dazu besteht die klassische Webseite aus statischen Seiten, die bei Bedarf von Zeit zu Zeit durch neue Informationen ersetzt werden, wobei die alten Informationen dort in der Regel gelöscht werden.

Kann ein Blog die Webseite ersetzen?

Bei modernen Blogsystemen – wie zum Beispiel dem von mir bevorzugten WordPress – kann der Unternehmer sowohl seine bisherigen statischen Seiten, aber auch dynamische Blogbeiträge pflegen.

WordPress bietet also quasi einen Blog und eine Webseite unter einem Dach.

Insofern stellt sich weniger die Frage, ob man die Webseite durch einen Blog ersetzen kann, sondern vielmehr die Überlegung, warum Unternehmen nicht von Anfang an auf ein integriertes System wie WordPress setzen, um die Vorteile von Blog + statischer Webseite parallel zu nutzen.

Allerdings ist es wichtig, von vornherein die beiden Bereiche klar voneinander abzugrenzen, z. B. durch eine Einstiegsseite, die den Besucher zunächst auf Ihren statischen Seitenbereich lenkt. Dort sollte der Besucher ein gut durchdachtes Menü vorfinden, das ihn unter anderem auch zu Ihrem Blog führt.

Es ist besonders wichtig, dass Sie Ihr Menü gut strukturieren. Anfangs sollten Sie das Klickverhalten der Besucher genau beobachten und die Menüstruktur gegebenenfalls daran anpassen.

Vorteile für den Besucher / Kunden

Beide Bereiche (Statische Seiten und Blog) profitieren in der Praxis voneinander. Besucher, die über eine statische Seite einsteigen, wechseln unter Umständen im Laufe Ihres Besuches auf Ihren Blog. Umgekehrt werden Besucher, die über den Blog zu Ihnen finden, sich im Laufe ihres Besuches über Ihre Produkte und Dienstleistungen informieren. Ähnlich wie in Ihrem Ladengeschäft, in dem Sie sowohl Ihre Produkte in den Regalen präsentieren als auch fachliche Beratung anbieten und auch verkaufen – alles unter einem Dach, in <u>einem</u> Verkaufsraum. Stellen

Sie sich vor, Ihre Kunden könnten sich in Ihrem Verkaufsraum nur Ihre Produkte anschauen, müssten aber zum Bestellen und Kaufen das Geschäft wechseln, etwa auf die gegenüberliegende Straßenseite.

Fazit:

Es gibt zahlreiche Unternehmen, die die beschriebene Vorgehensweise bereits mit Erfolg praktizieren. Vorwiegend für kleine und mittelständische Unternehmen macht dies absolut Sinn.

Ihr Blog ist der erste Einstieg in "Marketing 2.0", in die phantastische Welt der interaktiven Kommunikation zwischen Ihnen und Ihren Lesern, Ihren Interessenten und Kunden.

Wer sich tiefer in die Materie von Blog und Marketing 2.0 einarbeiten möchte, dem empfehle ich meinen Ratgeber „Marketing 2.0 für Handwerk und KMU", erschienen im Verlag Holzmann Medien, ISB-N 978-3-7783-0882-0.

Wenn Dir jemand nicht mehr nützen kann ….

"… dabei habe ich ihm nur gesagt, dass ich sein Unternehmen nicht weiterempfehlen werde, weil mir die Art und Weise wie er mit seinen Kunden und Gästen umgeht, nicht gefällt."

Da wurde der Angesprochenen richtig ungehalten:

Ein teures und aufwändiges Studium habe er absolviert, außer diesem Laden habe er noch zahlreiche weitere, und ein teurer Kredit habe diese Investition erst möglich gemacht. Das müsse er sich von mir nicht sagen lassen!

So ist das leider mit der Kritik. Ein Lob hätte der Herr sicherlich freudestrahlend eingesteckt. Aber nun so was.

Und dabei war ich vielleicht genau dieser eine Kunde, der das laut ausgesprochen hat, was viele andere vor mir bereits gedacht haben.

Mein Tipp: Machen Sie es besser !

Achten Sie bei der Kommunikation mit Ihren Kunden und Interessenten auf das nötige Feingefühl. Im Zeitalter von Web 2.0 und Social Media kann ein unzufriedener Kunde seinen Unmut schnell multiplizieren.

Nehmen Sie Anregungen und Kritik Ihrer Kunden ernst, und sehen Sie sie als Chance für eine Veränderung.

Ich hatte schon häufiger die Situation, dass ich mit Interessenten nicht zusammengekommen bin, weil Rahmenbedingungen, Konditionen oder etwas anderes nicht passte. Einige Monate später tauchte die gleiche Person als Empfehlungsgeber in Verbindung mit einem neuen Interessenten auf, ... der dann Kunde geworden ist.

Ein altes chinesisches Sprichwort sagt:

"Wenn Dir jemand nicht mehr nützen kann,
dann kann er Dir immer noch schaden!"

Lassen Sie es nicht soweit kommen:

**Nutzen Sie Kritik als Chance
sich zu verbessern.**

Fragen statt Lösungen – der systemische Beratungsansatz

Viele Unternehmen präsentieren sich in ihrer Werbung mit Lösungen. Sie bieten die Lösung für dieses Problem oder für jene Anforderung, manchmal auch die Patentlösung, und sehr oft die Lösung für ein Problem, zu dem sie die individuelle Anforderung ihres Gegenübers noch gar nicht kennen.

In meinem Berateralltag ist die Vorgehensweise häufig anders: Nicht "Lösungen statt Fragen", sondern "Fragen statt Lösungen" führen zur Lösung des Problems.

Die richtige Frage zum richtigen Zeitpunkt! Die richtige Frage, die zum Nachdenken anregt! Die richtige Frage, aus der eine Idee entsteht, die sich im Laufe eines Frage-Antwort-Spiels mit meinem Kunden zu einer Lösung konkretisiert.

Der Berater ist dabei nicht mehr "Problemlöser" oder "Lösungsgeber", sondern "Fragensteller" und das Frage-Antwort-Spiel endet oft mit dem Ausruf "Ah, warum sind wir da nicht schon lange drauf gekommen?!"

Oftmals liegt dies an der richtigen Frage, die bisher niemand gestellt hat.

Wie systemisches Coaching funktioniert, zeigt auch das folgende Beispiel „Stuhlwechsel".

Beispiel Systemische Beratung: Stuhlwechsel

Ein Beispiel, wie systemische Beratung funktionieren kann, ist die Übung "Stuhlwechsel", die ich in meine Beratungsgespräche gerne einfließen lasse und die meist zu einem schnellen Aha-Effekt bei den Beteiligten führt:

Den verschiedenen Stühlen an einem Tisch werden unterschiedliche Rollen zugewiesen. Zum Beispiel verkörpert ein Stuhl den Kunden, der andere einen Mitarbeiter, usw.

Mein Gesprächspartner wechselt nun den Platz auf einen anderen dieser Stühle und versucht nun, sein eigenes Unternehmen aus der Sicht der vorher definierten Rolle zu beschreiben.

Allein dieser Platzwechsel bewirkt, dass der Unternehmer einen anderen Blickwinkel wählt und die Angelegenheit aus einer anderen Sicht betrachten kann. Aus dieser Erkenntnis heraus können Veränderungen angestrebt und Lösungen entwickelt werden.

Immer noch skeptisch? Ich möchte Sie einladen, sich auf den Versuch einfach einzulassen. Es kann Ihnen nichts passieren, außer hinterher um eine Erfahrung reicher zu sein.

Marketing 2.0 = Story Telling + Kommunikation

"Das ist doch nur Werbung" erklärte mir ein Verkaufsmitarbeiter – verschmitzt lächelnd –, dem ich gerade ziemlich verärgert eine ganzseitige Zeitungsanzeige seines eigenen Unternehmens unter die Nase hielt, auf der in großen Buchstaben irgendwas in Richtung Qualität und Kundenzufriedenheit stand.

Was die Marketingabteilung des Unternehmens kommunizierte und das, was in den Verkaufsräumen des Unternehmens passierte, war offensichtlich meilenweit voneinander entfernt.

Vielleicht sind solche Erfahrungen der Grund, weshalb immer mehr Menschen klassische Werbung konsequent ignorieren.

Auch ich distanziere mich sehr deutlich von dieser Art Werbung. Wenn "Qualität" drauf steht, muss auch Qualität drin sein. Wenn mit zufriedenen, immer freundlichen und lächelnden Kunden geworben wird, sollten diese auch zufrieden, freundlich und lächelnd sein (zumindest der überwiegende Teil). Alles andere macht ein Unternehmen sehr schnell unglaubwürdig und ist ein weiterer Tropfen, um Werbung insgesamt etwas unglaubwürdiger zu machen.

Das zeigt aber auch, dass das Marketing im Unternehmen nicht losgelöst von allen anderen Prozessen im Unternehmen betrachtet werden sollte. Vielmehr ist es das gesamte Unternehmen, das mit der Kompetenz seiner

Mitarbeiter, mit der Qualität seiner Produkte, mit einem guten Kundenservice, mit einem guten Betriebsklima und letztendlich mit zufriedenen Kunden Marketing für sich selbst betreibt. Die Marketingabteilung indes hat die Aufgabe, diese Botschaft wirkungsvoll zum potentiellen Kunden zu transportieren – nicht aber die Aufgabe, Botschaften oder Slogans zu erfinden, die der Realität gänzlich widersprechen.

Doch was ist anders bei Marketing 2.0, wie die Methode häufig bezeichnet wird?

Marketing 2.0 = Story Telling + Kommunikation.

Und so gehen Sie vor:

In Ihrem Blog berichten Sie regelmäßig, was in Ihrem Unternehmen passiert. Haben Sie ein Projekt erfolgreich abgeschlossen? Sind Sie von einem Kunden besonders gelobt worden? Gab es kleine Pannen im Unternehmen, auf die Sie mit einem Lächeln zurückblicken? Gab es Betriebsjubiläen, bestandene Gesellenprüfungen etc.? Gibt es Empfehlungen und Informationen aus Ihrem Produkt- und Dienstleistungsumfeld, die Sie Ihren Kunden gerne mitteilen möchten?

Auf diese Weise machen Sie Ihr Unternehmen für Ihre Kunden und Interessenten greifbar – Sie zeigen, dass es auch bei Ihnen "menschelt". Das ist gemeint mit "Story Telling" – erzählen Sie Geschichten.

Über die sozialen Medien, wie Facebook, bauen Sie sich Ihre eigene "Fangemeinde" rund um Ihre Kunden und Interessenten auf. Nehmen Sie bei Bedarf weitere Netzwerke, wie XING, Google+, Twitter oder LinkedIn hinzu, und kommunizieren Sie von nun an Ihre Geschichten über diese Kanäle nach außen an Ihre Kunden. Parallel dazu nutzen Sie auch Ihre klassischen Kommunikationskanäle zur Verbreitung (Pressemitteilungen, Anzeigenschaltungen, etc.)

Aber welchen Nutzen haben Sie davon?

"Aber was soll das bringen, wenn ich hier nur Geschichten erzähle und verbreite, nicht aber meine Produkte und Dienstleistungen aktiv anpreise? Schließlich will ich ja meine Produkte verkaufen?"

Es bringt Ihnen Aufmerksamkeit. Sie werden in den Sozialen Netzen wahrgenommen – in der virtuellen Welt. Dort wo sich mittlerweile immer mehr Menschen – und damit Kunden und potentielle Kunden – regelmäßig tummeln. Sie werden dort wahrgenommen und erzeugen Mundpropaganda.

Eigenlob stinkt nicht!

**"Eigenlob stinkt" – lautet ein altes Sprichwort,
und genau so wurde es uns in der Vergangenheit
immer wieder eingetrichtert.**

Doch warum eigentlich? Warum sollte man sich nicht einmal selbst auf die Schulter klopfen dürfen, wenn man etwas gut gemeistert hat? Und zwar so, dass es möglichst alle mitbekommen.

Hält uns dieser Spruch "Eigenlob stinkt", den wir in unserem Unterbewusstsein mit uns herumtragen, nicht manchmal davon ab, selbst erfolgreicher zu werden?

Wie reagieren Sie, wenn Sie nach Ihren Stärken und Schwächen gefragt werden? Fallen Ihnen nicht ad hoc mehr Schwächen ein als Stärken? Sollten wir nicht mehr unsere Stärken herausstellen als über unsere Schwächen nachdenken?

Meine Meinung: Eigenlob stinkt nicht – solange es nicht in übermäßige Selbstbeweihräucherung ausufert.

Da gefällt mir der Spruch ...

"Tu Gutes, und rede darüber"

... schon deutlich besser. Was meinen Sie dazu?

3 Tipps, wie Sie mit Marketing 2.0 erfolgreich durchstarten

So starten Sie mit Marketing 2.0 / Online-Marketing in Ihrem Unternehmen erfolgreich durch:

1. Blog einrichten

Schaffen Sie sich mit Ihrem Blog eine zentrale Anlaufstelle für Ihre Besucher – Ihr virtuelles Schaufenster. In Ihrem Blog berichten Sie regelmäßig online, was in Ihrem Unternehmen real passiert. So machen Sie Ihr Unternehmen für Ihre Besucher auch online sichtbar und greifbar. Alle Aktivitäten in der Onlinewelt haben letztlich ein Ziel: Besucher für Ihren Blog zu gewinnen.

Eine ideale Ausgangsbasis bietet die Blogsoftware WordPress in der sog. "gehosteten Version", bei der Sie nach Registrierung und Anmeldung sofort loslegen können.

2. Social Media-Profile anlegen

Suchen Sie sich die sozialen Netzwerke aus, die zu Ihnen und Ihrem Unternehmen passen. XING, Facebook, Twitter und wie sie alle heißen. Legen Sie in all diesen Netzwerken ein aussagefähiges persönliches Profil + ein Unternehmensprofil an. Verlinken Sie in Ihren Profilen regelmäßig Ihre aktuellen Aktivitäten (Beiträge) im Blog. Bauen Sie Schritt für Schritt Ihr individuelles Kontaktenetzwerk auf.

3. Social Media-Profile mit Blog-Aktivitäten verbinden

In Ihrem gesamten Netzwerk präsentieren Sie regelmäßig Fachkompetenz und persönliche Kompetenz. Verbinden Sie Ihre eingetragenen persönlichen Profile, Ihre Unternehmensprofile sowie Ihren Blog miteinander, indem Sie die Linkadressen der Profile gegenseitig eintragen.

Sagen Sie nie
"Das funktioniert bei mir nicht" ….

Sagen Sie nie

"Das funktioniert bei mir nicht",

wenn Sie es nicht probiert haben.

Leider erlebe ich dies in meiner täglichen Arbeit immer wieder: Ein innovatives Konzept wird allein deshalb abgelehnt, weil es neu und unbekannt ist, und weil man selbst glaubt, dass es nicht funktioniert.

Und siehe da: Es wird auch nicht funktionieren!

Dann sagen Sie doch lieber
"das funktioniert",

seien Sie überzeugt davon,
und probieren Sie es aus.

Die Geschichte von der Zeit – es ist alles ist eine Frage der Priorität

Im Grunde genommen hat jeder gleich viel davon. 60 Sekunden pro Minute, 60 Minuten pro Stunde, 24 Stunden pro Tag und 365 Tage im Jahr.

Die Rede ist von der Zeit.

Doch die Aussage "keine Zeit" ist immer wieder eine begehrte Ausrede (oder nennen wir es neutral: ein gutes Argument), um etwas nicht tun zu müssen. Oft sind es unangenehme Dinge, die wir gar nicht tun wollen, und für die die mangelnde Zeit nun als Begründung herhalten muss.

Doch manchmal sind es auch Dinge, die wir schon lange gerne tun wollten, und die wir auf diese Weise immer vor uns herschieben: Eine Reise zum Beispiel, oder ein schon lange überfälliges Gespräch mit einem Mitarbeiter.

Doch woran liegt es, dass manche Menschen nie Zeit haben, und andere wiederum den Eindruck erwecken, sie hätten alle Zeit der Welt? Eine Frage der Organisation? der Priorität? eine Frage des Vertrauens? oder besser des Misstrauens gegenüber anderen – alles selbst machen zu müssen?

> **Wie dem auch sei – eines ist sicher: Die Zeit, die Sie benötigen, wird Ihnen niemand geben.**
>
> **Sie können sie sich aber nehmen. Einfach nehmen! Es ist alles eine Frage der Priorität.**

Gibt es ein Leben nach dem 31.12.?

Gehören Sie auch zu denjenigen, bei denen das Leben grundsätzlich am 31. Dezember eines Jahres endet? Tatsächlich ist dieses Phänomen gegen Jahresende immer wieder verstärkt zu beobachten. Gelingt es unterjährig, Termine für mehrere Monate im Voraus zu vereinbaren, denken viele Menschen ab Mitte November kaum über das Jahresende hinaus. Eine Terminvereinbarung Ende November für den 15. Januar ist nahezu unmöglich und gleicht fast schon einem Vorgriff in ein späteres Leben.

Doch eine Vision, eine gute Strategie und die richtigen Ideen für die Vermarktung der eigenen Produkte und Dienstleistungen sind die entscheidenden Voraussetzungen für den Erfolg eines Unternehmens. Und diese gelten – unabhängig von Raum und Zeit – und halten sich nicht an Kalender oder Jahreszeiten.

Tipp: Planen Sie die Strategie Ihres Unternehmens langfristig, weit über die Jahresgrenzen hinaus.

Die neuen Medien, Internet, Social Media usw. haben die Kommunikation und die Informationsversorgung bei vielen Menschen deutlich verändert. Damit verändert sich auch das Kaufverhalten der Kunden, die Entscheidungsfindung, die Art und Weise, sich zum Beispiel neue Geschäftspartner, Lieferanten usw. zu suchen.

Und damit verändert sich auch die Kundengewinnung für Unternehmen. Marketingmaßnahmen, die vor wenigen Jahren noch hervorragende Umsatzbringer waren, verpuffen heute im Nirwana.

Diese Entwicklung ist nicht überall sofort sichtbar, jedenfalls nicht überall in gleichem Maße. Vielleicht liegt es daran, dass sich die Welt allmählich verändert – und mit ihr auch das Kundenklientel und das Kaufverhalten. Wer rechtzeitig reagiert und sich rechtzeitig auf die neue Trends einstellt, hat die Chance, langfristig am Ball zu bleiben.

Tipp: Arbeiten Sie kontinuierlich an Ihrer Marketingstrategie und setzen Sie sich kurzfristige, mittelfristige und langfristige Ziele – und das unabhängig von jeglichen Kalendergrenzen und Jahreszahlen.

Tipp: Prioritäten richtig setzen!

Stellen Sie sich vor Beginn eines anstehenden Projektes die folgenden Fragen:

- Ist das geplante Projekt notwendig (also: will oder muss ich damit eine "Not abwenden")?
- Ist diese Not groß genug, und bin ich auch bereit zu handeln?
- Ist die Not so groß, dass ich mir notfalls auch ein paar Stunden dafür frei halte?
- Gegebenenfalls auch zu Lasten anderer Projekte, mit denen ich zeitgleich Geld verdienen kann.

Verbunden mit den generellen Fragen:

- Bin ich als Unternehmer in der Lage, frei über meine eigene Zeit zu entscheiden?
- Agiere ich? Oder reagiere ich nur?
- Was ist mir in meinem Unternehmen wichtig?
- Auf welche Tätigkeiten kann ich verzichten? Vielleicht sogar, ohne dass es irgendjemandem auffällt?
- Was muss ich selbst erledigen, und was kann ich vielleicht delegieren?

Es ist alles eine Frage der Priorität und der persönlichen Arbeitsorganisation.

Tipp: Außenauftritt hin und wieder auf Aktualität überprüfen!

Viele Dinge nutzt man im Unternehmen aus Gewohnheit, oft sogar täglich. Aber niemand macht sich mehr Gedanken über deren Aktualität.

- Visitenkarten
- Impressum
- E-Mail-Signatur
- Kontaktdaten im Web
- Briefbogen
- Öffnungszeiten auf Webseite und Ladentür
- Ansagetext auf Anrufbeantworter

Sind alle Daten noch aktuell? Hat Ihr Mitarbeiter noch die "alte" Handy-Nr. auf der Visitenkarte? Muss das Impressum ergänzt oder erweitert werden (z. B. bedingt durch neue gesetzliche Anforderungen)? Steht auf der E-Mail noch die Kampagne vom letzten Jahr? Befinden sich in den Kontaktdaten auf der Webseite noch Mitarbeiter, die das Unternehmen bereits verlassen haben? Stimmen die Daten auf dem Briefbogen noch? usw. usw.

Mein Tipp: Legen Sie dieses Büchlein kurz zur Seite und checken Sie all die genannten Daten auf Aktualität.

Vom Umgang mit gewachsenen Hierarchien im Unternehmen

Schon seit Wochen wird in der Kaffeeküche und in den Raucherpausen über ihn geredet: Über den neuen Chef, der von der Zentrale angekündigt wurde, und der die Organisationseinheit neu gestalten soll. Wo kommt er her, was hat er gemacht, was wird sich bei uns ändern. Auf dem Bild am schwarzen Brett sieht er ja ganz nett aus.

Die Mitarbeiterbesprechung gleich am zweiten Tag bringt Klarheit:

Der Umsatz ist viel zu niedrig, die Kosten viel zu hoch. Und überhaupt muss sich hier einiges verändern, um wettbewerbsfähig zu bleiben. Wieso eigentlich? Hat nicht bisher alles ganz gut geklappt? O.k. – Neue Besen kehren gut. Nein – sie kehren nicht besser. Sie kehren einfach nur anders.

Widerstand ist vorprogrammiert.

Klar, ER ist der neue Chef. Und ER entscheidet ab sofort, was im Unternehmen zu passieren hat. Doch was viele nicht bedenken: In einem Unternehmen gibt es neben der klassischen Hierarchie, jener Hierarchie, die formell auf einem Organigramm steht, noch eine Reihe weiterer Hierarchien ...

... sogenannte informelle Hierarchien.

Es handelt sich hierbei um gewachsene Strukturen, informelle Hierarchien, die aufgrund von Freundschaften und alten Seilschaften entstehen. Da kommt es schon mal vor,

… dass eine Führungskraft, die das Unternehmen bereits vor Jahren verlassen hat, noch immer regelmäßig von den Mitarbeitern um Rat gefragt wird, sodass damit heimlich dessen Philosophie im Unternehmen weiterlebt.

Bildquelle: Fotostudio Dagmar Rickert, Aschaffenburg

… dass der Hausmeister, der überall im Haus herumkommt, zu dem alle Mitarbeiter ein gutes Verhältnis haben und dem sie auch gerne ihr Leid klagen, plötzlich eine entscheidende Rolle in dieser informellen Hierarchie einnimmt.

Sie können nun tun was Sie wollen ….

Aber Sie können diese informelle Hierarchie nicht abschalten. Sie können nur lernen, mit ihr zu leben und richtig mit ihr umzugehen.

Und in dieser informellen Hierarchie kommt der neue Chef zunächst gar nicht vor. Weder als Chef, noch in sonst irgendeiner Funktion. Vielleicht als Außenstehender, der gerne in diese Hierarchie aufgenommen werden möchte.

Gelingt ihm die Führung und die Motivation seiner Mannschaft aus dieser Abseitsposition heraus, kann ihm die Aufnahme in die Hierarchie als geschätzte Führungskraft – und damit die erfolgreiche Führung des Unternehmens und des Teams – gelingen.

Ansonsten bleibt er Chef ...

"Nur" Chef. Ein "Chef" mit vielen
"Untergebenen", aber ohne Team.

Leider wird in Unternehmen häufig versucht, eine solche Situation per Dienstanweisung zu regeln. Doch auch eine Dienstanweisung wird eine gewachsene Struktur nicht außer Kraft setzen. Unzufriedenheit, Resignation und Kündigung sind die Folge.

Führung – Motivation – Wachstum: Ersetzen Sie "Standpauke" durch gute Mitarbeiterführung!

Eine gute Mitarbeiterführung fördert die Motivation der Mitarbeiter und führt damit zu mehr Wachstum und Erfolg im Unternehmen.

Oft versuchen Unternehmen, Probleme in Mitarbeiterführung, Kommunikation und Motivation punktuell in den Griff zu bekommen, ohne das Übel an der Wurzel zu packen.

Ein Unternehmer, den ich nach seinen Unternehmenszielen fragte, antwortete mir spontan "mehr Umsatz".

Anfragen, die bei mir eingehen, haben ähnliche Inhalte: "Wie komme ich zu neuen Kunden?", "Können Sie meine Mitarbeiter trainieren, am Telefon sicherer aufzutreten?" oder auch "Meine Mitarbeiter brauchen dringend ein Training, um wieder motiviert zu arbeiten".

Alle Maßnahmen in dieser Richtung haben eines gemeinsam: Sie sind optimal dafür geeignet, zeitlich befristet Probleme auf einen späteren Zeitpunkt zu verschieben – nicht aber, sie zu lösen. Ein Training in Sachen "Motivation", "Überzeugungskraft" und "Selbstsicherheit" wird schnell zunichte gemacht, wenn der Mitarbeiter am Folgetag auf einen Vorgesetzten trifft, der genau diese Eigenschaften nachhaltig und erfolgreich verhindert.

Motivieren Sie Ihre Mitarbeiter!

Motivierte Mitarbeiter stehen hinter ihrem Unternehmen, sie kennen die Ziele des Unternehmens, wissen, wo das Unternehmen hin will, und gewinnen damit automatisch mehr Selbstsicherheit. Die Selbstsicherheit, die sie bei ihren Gesprächen mit Interessenten und Kunden täglich benötigen.

Ein Beispiel aus der Praxis:

Nach der allmorgendlichen Standpauke des Chefs werden die Mitarbeiter mit dem Satz in ihren Arbeitstag verabschiedet:

"So, jetzt wisst ihr alle Bescheid. Und nun Kopf hoch und motiviert an die Arbeit. Die Kunden warten schon."

Vielleicht noch mit dem netten Zusatz:

"Und wer ab sofort nicht motiviert arbeitet, fliegt."

Kurz darauf treffen die Kunden "Herr Stinksauer" und "Frau Hoch-Unzufrieden" auf Mitarbeiter "Herr oder Frau Zwangsmotiviert".

Können Sie sich vorstellen, was passiert? Der Kunde wird sicherlich nicht zufriedener. Und die nächste Standpauke ist schon programmiert. Ein interessanter Kreislauf.

Doch wie motiviert man richtig? Mit welchem Spruch oder welcher Gestik hätte der Chef die Mitarbeiter motivieren und an die Arbeit schicken sollen? Schließlich war die Standpauke ja mehr als überfällig.

Fazit: Sie können Motivation nicht per Dienstanweisung verordnen. Ersetzen Sie stattdessen die Standpauke durch gute Mitarbeiterführung!

"Führen" bedeutet...

… "Vorausgehen" und "Vormachen". Kennen Sie das kleine Kind, das "geführt" werden möchte? An die Hand genommen werden, um Sicherheit zu bekommen. Sicherheit, die Straße zu überqueren oder einen Raum zu betreten. Das Kind, das nachmacht, was man ihm vormacht – aus dem Vormachen die Richtigkeit der Handlung ableitet. Das ist im Erwachsenenleben nicht anders. Auch wenn es vielleicht kindisch klingt.

"Führen" bedeutet auch ...

… „auf Augenhöhe mit seinen Mitarbeitern kommunizieren". Auch einmal die Meinung eines Mitarbeiter hören, aufnehmen und annehmen. Sich für die gute Idee bedanken. Ihn zu loben. Das Positive herausstellen. Und notfalls auch mal über einen Fehler hinwegsehen – auch wenn es schwer fällt.

Tipp: Mit Umweg schneller zum Ziel

**In manchen Situationen macht es Sinn,
nicht den direkten Weg zu wählen,
sondern bewusst einen Umweg
in Kauf zu nehmen.**

**Mit dem richtigen Umweg kommt man
oft schneller und bequemer und mit
deutlich weniger Kraft- und
Zeitaufwand an sein Ziel.**

Eine Erfahrung, die ich bei Wanderung machen durfte. Eine Abkürzung ist zwar häufig der kürzeste, aber nicht immer der einfachste und schnellste Weg. Die Erfahrung gilt aber auch in anderen Situationen – auch und vor allem im Geschäftsleben.

Mitarbeiter richtig führen

Auf Augenhöhe führen und motivieren ...

... heißt das Rezept. Vorbild sein, Respektsperson sein, Chef sein – ohne Chef zu spielen. Wem das gelingt, der hat schon gewonnen!

- Gute Führung motiviert die Mitarbeiter.
- Motivierte Mitarbeiter sind selbstsicherer.
- Selbstsichere Mitarbeiter argumentieren besser.
- Selbstsichere Mitarbeiter gewinnen neue Kunden und schaffen zufriedene Kunden.
- Zufriedene Kunden verhelfen dem Unternehmen zu mehr Umsatz.
- Zufriedene Kunden empfehlen ihr Unternehmen weiter.
- Mehr Umsatz macht auch den Chef zufrieden.
- Zufriedene Chefs können besser führen und motivieren.

Ein Kreislauf – Nur wo fängt man mit der Veränderung an? Am besten bei sich selbst!

Die wichtigsten Tipps für die E-Mail-Kommunikation

Zum Kuckuck mit dieser „Antworten-Taste". Statt „Weiterleiten" tippte ich auf „Antworten", und schon war die Mail draußen. Nur ist sie jetzt im Posteingang meines Kunden gelandet und nicht meines Geschäftspartners, wie ich es beabsichtigt hatte.

Sie kennen diese Situation? Umso schlimmer muss es sein, wenn Ihnen in der Mail auch noch Beschimpfungen über den Kunden über die Lippen (bzw. die Tasten) gerutscht sind.

Wer sich angewöhnt, auch in internen Mails auf Stil und guten Umgangston zu achten, für den ist diese Situation zwar unangenehm, aber sie wird zumindest nicht peinlich oder geschäftsschädigend.

Dies hat auch etwas mit Wertschätzung zu tun. Wer in Abwesenheit seiner Kunden schlecht über sie redet, gibt die negativen Gedanken auch im Kundengespräch unbewusst an seine Kunden weiter.

Eine positive Grundeinstellung ist also der Schlüssel zum Erfolg – ob der Kunde nun gerade zuhört oder nicht.

Kaufsignale erkennen und umsetzen

Kennen Sie den Begriff "Kaufsignale" oder "eindeutige Kaufsignale"?

In der Vertriebssprache verstehen wir unter Kaufsignalen verbale oder nonverbale Äußerungen eines Kunden, dass er die Ware oder das Produkt kaufen möchte. In der Regel werden solche Kaufsignale nicht direkt ausgesprochen. Man muss schon etwas zuhören, um sie zu erkennen und richtig zu interpretieren.

Hierzu einige Beispiele aus Kundendialogen:

- „Wo stelle ich das Gerät auf?"
- „Wie lange dauert die Lieferung?"
- „Wann sind die nächsten Anwenderschulungen?"
- „Und wie geht es jetzt weiter?"
- „Dann käme vielleicht dieser Raum in Frage?"
- „Das könnte doch Frau __ übernehmen."
- „Wie können wir das Konzept in unsere Prozesse integrieren?"

Alle Dialoge haben eines gemeinsam: Sie gehen inhaltlich davon aus, dass das Produkt bereits gekauft wurde. Der Kunde hat die Ware also bereits im Einkaufswagen. Nun gilt es lediglich zu vermeiden, dass er diese auf dem Weg zur Kasse wieder herausnimmt und beiseite legt.

Wie gehen wir nun mit solchen Kaufsignalen um?

Auf keinen Fall sollten wir an dieser Stelle gleich das Bestellformular aus der Tasche ziehen. Vielmehr gilt es, diese Überlegungen des Kunden als selbstverständlich anzusehen und diese Selbstverständlichkeit noch zu verstärken. Etwa in der Form:

- "Nun, wenn wir heute oder morgen den Bestellprozess anstoßen, könnte die Ware am kommenden Freitag bei Ihnen im Hause sein. Bis dahin könnte auch Frau XY mit dem Umgang vertraut gemacht werden."
- oder: "Ja. Der Raum ist dafür sicherlich gut geeignet. Er ist kühl und trocken, und es geht Ihnen dadurch im Büro nicht zu viel Stellfläche verloren".

Achten Sie einmal bei Ihren nächsten Kundengesprächen auf Kaufsignale.

Keine Zeit für "Bettler" Kunde

… die Dame am Telefon investierte viel Zeit und Energie, mir zu erklären, warum ihr Kollege in den nächsten Tagen keine Zeit für mich habe.

**Keine Zeit für König
(oder nennen wir ihn Bettler) Kunde?**

Mich hätte vielmehr interessiert, wann der Kollege denn nun Zeit für mich hat, mir meine Frage zu beantworten.

Immerhin hat das Unternehmen einen geschlagenen Monat verbummelt, und mir jetzt endlich das Angebot geschickt – für eine Vertragsänderung, die eigentlich schon ab vorgestern laufen sollte.

Ich würde mich auch ganz klein machen und den Kollegen gewiss nicht lange aufhalten. Ich würde mich in der Uhrzeit nach ihm richten, notfalls auch etwas früher aufstehen, wenn es sein muss. Schließlich möchte ich niemandem zur Last fallen. Seine Zeit ist sicherlich sehr wertvoll.

Manchmal muss man sich schon verdammt viel Mühe geben, Kunde sein zu dürfen. Aber es ist immer ein beruhigendes Gefühl, am Ende doch noch wahrgenommen zu werden.

Quod erat demonstrandum – Eine Geschichte ohne Happy End.

Die Kommunikation mit manchen Unternehmen ist bisweilen nicht gerade einfach.

"Was muss ich tun, um von Ihrem Unternehmen als Kunde wahrgenommen zu werden?", war meine Frage an die Dame am anderen Ende der Telefonleitung.

Aber ich hatte nicht den Eindruck, dass meine Gesprächspartnerin auch nur ansatzweise verstanden hatte, wovon ich sprach. Immerhin wurde ich doch genauso wahrgenommen wie alle anderen Kunden auch:

Als Datensatz mit einer Kontonummer, von der jeden Monat Geld abgebucht wird.

Doch solange Gewinn und Shareholder Value stimmen, steht die Kundenzufriedenzeit leider immer wieder an untergeordneter Position.

Vielmehr wird versucht, über Kundenzufriedenheitsprojekte und -befragungen Schadensbegrenzung zu betreiben und das eigene Gewissen zu beruhigen.

**Aber im Ergebnis wird alles so bleiben wie es ist.
Quod erat demonstrandum.**

Wie gehen Sie mit Reklamationen Ihrer Kunden um?

Der Betrag, den mir die Verkäuferin gerade abgenommen hatte, war definitiv zu hoch und passte nicht zur Auszeichnung in der Auslage.

Meine Beanstandung – leider erfolglos!

Die Verkäuferin ließ mich und meine Beschwerde einfach ohne weitere Beachtung im Raum stehen. Ich war sprachlos. Und das ist ein Zustand, der bei mir nur äußerst selten vorkommt.

Wie gehen Sie mit Reklamationen Ihrer Kunden um?

Meine Tipps:

- Nehmen Sie sich gemeinsam mit Ihren Mitarbeitern ein paar Stunden Zeit. und besprechen Sie, wie Sie künftig mit Kritiken, Einwänden und Reklamationen Ihrer Kunden umgehen wollen.
- Lassen Sie sich bei Bedarf von einem Moderator unterstützen, der die unterschiedlichen Situationen aus anderen Projekten kennt und wertvolle Tipps und Hilfestellungen geben kann.
- Notieren Sie die Reklamationen nach Kategorien. So erhalten Sie einen guten Überblick, wo Handlungsbedarf besteht.

Kundenzufriedenheit – oder verzweifelte Schadensbegrenzung?

"Ihre Zufriedenheit liegt uns am Herzen" schreibt das Unternehmen dem zu Recht unzufriedenen Kunden und schickt ihm als Wiedergutmachung eine Gutschrift über 10 Euro.

Einen unzufriedenen Kunden zurück zu gewinnen, scheint einfach: Mit nur 10 EUR sind Sie dabei ...

Oder ist es nur der Versuch einer Schadensbegrenzung?

Solange sich das Unternehmen nicht darum bemüht, die Ursache nachhaltig zu beseitigen, werden Wiedergutmachungsversuche dieser Art verpuffen. Mit einer solchen Maßnahme kann man den Kunden sicherlich besänftigen – eine wirkliche Zufriedenheit wird man damit allerdings nicht wieder herstellen können. Dazu bedarf es etwas mehr.

Haben Sie selbst schon eine solche oder ähnliche Situation erlebt? Konnte Sie das Unternehmen mit seiner „Geld-Entschuldigung" überzeugen und zurückgewinnen? Und was lernen Sie für den eigenen Unternehmensalltag daraus?

Visualisierung und Präsentation

Woran denken Sie als erstes, wenn Sie die Begriffe "Präsentation" und "Visualisierung" hören?

Viele verbinden die Begriffe "Präsentation" und "Visualisierung" mit Dingen wie PC, Beamer, PowerPoint und Flipchart. Die meisten Tagungszentren bieten diese Hilfsmittel als Standardausstattung an. Und wenn der Chef um die Vorbereitung einer Präsentation bittet, geht der erste Griff zu Tastatur und Maus.

Doch Standard ist, wer sich am Standard orientiert.

Haben Sie schon einmal überlegt, bei einer Präsentation teilweise oder ganz auf diese Standards zu verzichten?

Wenn Sie stattdessen z. B. mit Requisiten arbeiten, die Sie symbolisch für jedes Kapitel Ihrer Präsentation zusammenstellen, erzeugen Sie eine Spannungskurve und gewinnen die Aufmerksamkeit Ihrer Zuhörer besser als mit der besten Hochglanzpräsentation oder Animation.

Probieren Sie es aus.

Soziale Netze als wichtiger Bestandteil in der Kommunikation zwischen Unternehmen und Kunden

Die sozialen Netze nehmen zunehmend einen wichtigen Platz im Unternehmensalltag ein – in der Kommunikation untereinander und in der Kommunikation zwischen Unternehmen und Kunden sowie zwischen öffentlichen Einrichtungen und dem Bürger.

> **Die Frage, ob Sie als Unternehmen dort vertreten sein müssen, stellt sich dabei nicht.**
>
> **Die Frage ist, ob sich Unternehmen dauerhaft den Luxus leisten wollen, darauf zu verzichten**
>
> **und sich damit einer immer größer werdenden Menge an Kunden zu verschließen.**

Nur wer sichtbar ist, kann auch gesehen werden ...

"Es gibt kaum ein Unternehmen, das heute noch darauf verzichtet, innerhalb der sozialen Netzwerke im Internet, allen voran Facebook und Twitter, vertreten zu sein"

... heißt es in einem Beitrag mit dem Titel "Social Media-Kommunikation: Chancen, Möglichkeiten und Grenzen"

"Doch!" behaupte ich "die gibt es.

Und zwar noch sehr viele davon."

Jedes 5. Unternehmen ist in Deutschland noch ohne eigene Webseite. In manchen Branchen wie beispielsweise dem Handwerk sind es sogar deutlich mehr.

Das Schlimme daran: Viele Unternehmen ignorieren das Internet nicht aus Unwissenheit oder Unkenntnis, sondern entscheiden sich bewusst dafür, diese Medien nicht für sich in Anspruch zu nehmen.

Ein Unternehmer, mit dem ich vor kurzem über dieses Thema sprach, bestätigte mir genau das:

"Meine Kunden kennen mich auch ohne Internet."

Stimmt! Aber was ist mit den vielen Nichtkunden, die von dem Unternehmen bisher noch nie etwas gehört haben? Wäre es nicht schön, wenn diese das Unternehmen auch kennen lernen würden?

Von einem Fachmagazin erhielt ich den Auftrag, für eine bestimmte Branche über das Thema "Außenauftritt" zu berichten. Ich suchte über die Internetsuche nach relevanten Betrieben in der Region und war erstaunt, dass der Betrieb, der nur wenige Hundert Meter von meinem Büro entfernt lag, im Web überhaupt nicht zu finden war.

Genau den gleichen Weg hätte auch ein Neubürger gewählt, der an seinem neuen Wohnort nach Unterstützung sucht. Da er als Neubürger noch niemanden kennt, **greifen hier nicht die Argumente „Mundpropaganda" und "man kennt mich sowieso".**

"Nur wer sichtbar ist, kann auch gesehen (und gefunden) werden. Nur wer gesehen wird, wird am Markt von seinen potentiellen Kunden wahrgenommen."

Mein Tipp: Machen Sie sich und Ihr Unternehmen am Markt sichtbar! Starten Sie jetzt mit Ihrem individuellen "Gesehen-Werden-Marketing"!

Die Story vom Frosch – Und was man für die Akquisetätigkeit seines Unternehmens daraus lernen kann

Dies ist die Geschichte vom Frosch – und was man für die Akquisetätigkeit seines Unternehmens daraus lernen kann:

Methode 1 – Das Hunter-Prinzip (der Fleißige)

Der Fleißige bewaffnet sich mit viel Werkzeug und einem großen Gefäß, marschiert zum nächstmöglichen Tümpel und versucht dort, jeden Frosch einzeln zu fangen. Ist der Tümpel leer, geht er zum nächsten Tümpel. Die eingefangenen Frösche bringt er dann nach Hause und setzt sie in seinen eigenen Gartenteich.

Methode 2 – Das Farmer-Prinzip (der Bequeme)

Der Bequeme baut einen eigenen Tümpel, richtet ihn schön her, sodass die Frösche sich darin so richtig wohlfühlen können. Er streut dann ein Lockmittel oder einen Duftstoff aus und lockt die Frösche damit an. Nach einer Weile hat er genug Frösche in seinem Gartenteich versammelt.

Was meinen Sie?

- Wer von den beiden fängt den ersten Frosch?
- Wer von den beiden fängt die meisten Frösche?

- Wer von den beiden erreicht sein Ziel mit dem geringsten Aufwand?
- Und vor allem: Wer hat die zufriedensten Frösche?

Zu welchem Typ gehören Sie? Typ 1 oder Typ 2?
Und welche Methode ist die "bessere"?

Erfolgskurs – positive Kritik ernst nehmen – Ballast ablegen

Je besser und erfolgreicher Du wirst,
umso mehr werden auch die Neider und Nörgler,

jene Menschen,
die Dir den Erfolg nicht gönnen.

Natürlich soll man Kritik ernst nehmen,
solange sie nützt und konstruktiv ist.

Alles andere kannst Du getrost ignorieren,
ohne dass Dir etwas fehlen wird.

Es ist nur Ballast, der Dich
auf Dem Weg zu Deinem Ziel behindert.

Der Ruf der Unternehmen nach Neukundengewinnung

Alle Welt schreit nach Neukundengewinnung. Bei meinen Akquisegesprächen mit potentiellen Kunden stoße ich immer wieder auf dieses Phänomen.

Neukunden sind wichtig, um zu wachsen. Sich ausschließlich auf Lorbeeren seines bestehenden Kundenstammes auszuruhen ist gefährlich und kann und will sich dauerhaft keiner leisten.

Das Angebot am Markt mit Produkten und Dienstleistungen rund um die Neukundengewinnung ist vielfältig:

- Kauf von Adressen zur Neukundengewinnung
- Neukundengewinnung durch Telefonakquise
- Neukundengewinnungsstrategien mit und ohne Erfolgsgarantie
- Neukundengewinnung per E-Mail-Werbung
- Neukunden durch Neukundengewinnung per Neukundengewinnung usw. usw.

Probiert man die Angebote alle der Reihe nach aus, hat man früher oder später die Methode gefunden, die am besten funktioniert. Oder auch nicht – und man ist nicht nur mit seinem Latein am Ende, sondern auch mit dem Budget, das man dafür eingeplant hatte.

Auch bei meinen Spaziergängen durch die virtuelle und reale Welt stoße ich immer wieder auf dieses Thema.

Die wahrsten Zauberwaffen müssen das sein, glaubt man den Slogans und Werbeversprechen. Neukundengewinnung auf allen Kanälen, in allen Facetten und Variationen. Leider wird das Potential, das in den bereits bestehenden Kontakten steckt, und damit in der eigenen existierenden Datenbank, viel zu oft unterschätzt.

Meine Meinung: Die beste (und einfachste) Neukundengewinnung funktioniert über eine gute und nachhaltige Pflege der Bestandskunden.

Sind die Bestandskunden zufrieden, werden sie nicht nur wiederkommen, sie werden Sie auch weiterempfehlen, also kostenlos Werbung für Sie betreiben. Doch eine gute Pflege und Betreuung seiner Bestandskunden bedeutet mehr, als einen Newsletter im Monat zu verschicken.

In der Tat ist die Gewinnung eines neuen Kunden um ein vielfaches schwieriger, als mit einem bestehenden Kunden Zusatzgeschäfte zu machen. Kümmern Sie sich um Ihre Bestandskunden. Machen Sie sie zufrieden.

Erstellen Sie ein Konzept, mit dem Sie kontinuierlich an Ihrer Kundenbindung und der Zufriedenheit Ihrer Bestandskunden arbeiten.

Zufriedene Kunden sind die besten Multiplikatoren und Empfehlungsgeber. Und somit immer noch das beste Konzept zur Neukundengewinnung.

Von Selbstvertrauen und Selbstüberschätzung

Wer ein Unternehmen gründen oder führen will, braucht Selbstvertrauen und Selbstbewusstsein! Und zwar möglichst viel davon !

Das Vertrauen in sich selbst, zum richtigen Moment das Richtige zu tun und die richtige Entscheidung zu treffen, und den Mut, einen Fehler einzugestehen, wenn die vermeintliche richtige Entscheidung dann doch nicht die richtige war.

Die Steigerung von "Selbstvertrauen" bedeutet bei mir "Selbstüberschätzung": Die Überzeugung, nicht nur alles zu können, sondern auch alles besser zu können als alle anderen, und die Überzeugung auf jegliche fremde Hilfe verzichten zu können.

Leider habe ich dieses Phänomen bisher schon häufig beobachtet, oft bei jungen Unternehmern und Managern. Wenn das erlernte Wissen mehr zählt als die Erfahrung eines "alten Hasen" oder eines Beraters,

- der eine Situation vielleicht schon etliche Male in gleicher oder ähnlicher Form erlebt hat
- und genau weiß, was zu tun oder was zu vermeiden ist,
- der ein "Bauchgefühl" mitbringt, das ihm sagt "lass es" oder "tu es", ohne das näher erklären zu können.

Eine Selbstüberschätzung, die weit über das gesunde Selbstbewusstsein hinweg geht, kann einem Unternehmen deutlichen Schaden zufügen.

Aber muss man jeden Fettnapf, den irgendjemand vorher schon einmal mitgenommen hat, unbedingt selbst auch noch mitnehmen, nur um sich selbst und seinem Umfeld beweisen zu können, dass man es kann?

Und die wichtigste Frage: Gibt es ein Gegenmittel?

Mein Tipp: Lassen Sie sich helfen, und zeigen Sie Offenheit gegenüber Kritik und Ratschlägen von außen. Ein Außenstehender sieht Ihr Unternehmen meist anders als Sie selbst. Nur mit dieser Offenheit kann sich Ihr Unternehmen weiter entwickeln.

Lesen Sie dazu auch die folgende Geschichte, die sehr gut zu diesem Thema passt:

Selbsterkenntnis ist der erste Impuls zur Veränderung

Neulich im Laden:

Nach nur kurzem Aufenthalt merke ich: "Oh. Da ist ja einiges im Argen. Da müsste einiges getan werden. Die hätten dringend Unterstützung nötig."

Ansprechen?

Nein !

Meine Erfahrung: ca. 9 von 10 angesprochene Unternehmen werden ihre Situation und ihren Missstand verteidigen.

Argumente wie "Das ist heute eine Ausnahmesituation.", "Das sehen Sie total falsch.", "Bisher hat sich noch keiner beschwert." oder „Sie sehen doch, was heute hier los ist." sind an der Tagesordnung.

Es gibt viele Argumente, etwas nicht tun zu müssen. Und Veränderung kann auch unbequem sein.

Überlegen Sie, was Sie in Ihrem Unternehmen verändern könnten?

Unverbindlich und freibleibend

"Unser Angebot ist unverbindlich und freibleibend."

Kennen Sie diese Formulierung? Aber was will uns das Unternehmen mit diesem Satz sagen? Ein Angebot, das Informationen und Preise enthält, die aber unter Umständen nicht gelten?

Wie würden Sie reagieren, wenn Sie darauf folgenden Auftrag erhalten:

Ich nehme Ihr unverbindliches und freibleibendes Angebot gerne an und übersende Ihnen hiermit meinen unverbindlichen und freibleibenden Auftrag.

Es gibt in unserem Alltag zahlreiche Formulierungen, die auf den Prüfstand gehören. Achten Sie einmal darauf, und verbannen Sie diese Formulierungen aus Ihrem Sprachgebrauch.

Überraschung!
Kollege hat gekündigt!

Schon Wochen vor der äußeren Kündigung hat sie sich abgezeichnet: Die innere Kündigung des Kollegen.

Wochen, in denen er sehr deutlich seinen Unmut kundgetan hat, auch dem Chef gegenüber. Seine Arbeitsleistung hat in dieser Zeit deutlich nachgelassen. Alle wussten es. Oder hätten es wissen müssen.

Und heute war es nun soweit: Der inneren Kündigung folgte die äußere (sprich offizielle und schriftliche) Kündigung des Kollegen.

Die Reaktion des Chefs: "Ach, hätten Sie doch was gesagt. Wir hätten doch über alles reden können."

Am Tag nach der Kündigung kehrt wieder Ruhe ein. Routine bestimmt das Geschäft. Nebenbei kümmert man sich halbherzig um einen Nachfolger.

Doch am Tag vor dem letzten Arbeitstag kehrt die Hektik zurück. Das Tagesgeschäft gerät in den Hintergrund, der Kollege in den Mittelpunkt. Vielleicht das erste Mal in seiner Laufbahn in dem Unternehmen!

Irgendwann ist der letzte Tag. Als hätte man es nicht gewusst. Nein, es hat natürlich keiner gewusst. Es gibt noch viel zu tun. Panik. Schnell die Versäumnisse der letzten Tage, nein Wochen, nein Monate, oder sogar Jahre (?) aufholen. Es muss doch noch irgendetwas herauszuholen sein – aus der Zitrone!

Hand aufs Herz:

- Wissen Sie, ob sich Ihre Mitarbeiter in Ihrem Unternehmen wohl fühlen?
- Wie viele Ihrer Mitarbeiter haben innerlich bereits gekündigt und warten nur noch auf den Absprung?
- Oder sie haben innerlich gekündigt und bleiben trotzdem, machen Dienst nach Vorschrift, weil ihnen der Absprung zu unbequem ist?

Nächste Frage:

- Wissen Sie es wirklich?
- Oder glauben Sie nur, es zu wissen?

Haben Sie schon einmal darüber nachgedacht, wie sich ein unzufriedener Mitarbeiter auf den gesamten Unternehmenserfolg auswirken kann?

Wieviel Wissen geht mit dem Weggang des Mitarbeiters verloren? Klar, jeder ist ersetzbar! Aber wie lange dauert es, bis der Neue den gleichen Kenntnisstand und die gleiche Erfahrung hat? Wieviel Geld wird das Unternehmen diese Kündigung im Ergebnis kosten?

Könnte Ihr Unternehmen mit zufriedenen Mitarbeitern nicht wesentlich erfolgreicher sein?

Effizienz: Leider nicht zum Nulltarif

Wer seine Arbeitsprozesse effizient und schlank gestalten will, muss gut abwägen. Effiziente Prozesse gibt es leider nicht zum Nulltarif. Oft bleibt dabei etwas auf der Strecke: häufig die Qualität oder der Kunde.

Kunden, Mitarbeiter und Produkt hängen direkt zusammen. Sie beeinflussen einander:

Ein gutes Produkt mit einer guten Qualität schafft zufriedene Kunden. Zufriedene Kunden wirken sich auf die Zufriedenheit der Mitarbeiter aus. Und zufriedene Mitarbeiter sind wiederum bereit, an der Verbesserung der Produkte und Dienstleistungen zu arbeiten und ihre Kunden zur Zufriedenheit zu bedienen.

Schlechte Qualität dagegen wird selbst den treuesten Kunden früher oder später vergraulen. Und dies werden nicht einmal die besten und freundlichsten Mitarbeiter verhindern können.

Bei der Verschlankung der Prozesse wird häufig zuerst an der Flexibilität des Produkt- oder Dienstleistungsangebotes gespart. Das kann sich auf die Kundenzufriedenheit auswirken und bringt den Kreislauf in Gang.

Wer seine Prozesse schlanker gestalten will, sollte genau abwägen, wo im Prozess Einsparungen und Verschlankungen möglich sind, und welche Risiken und Gefahren dabei in Kauf genommen werden können.

Alles Geschmacksache – so spart man nicht nur Mitarbeiter, sondern auch Kunden.

Nachdem ich mich mühsam durch das automatische Ansagemenü gehangelt habe, teilt mir die freundliche Automatendame mit, dass im Moment niemand Zeit für mich hat ...

... und bittet mich, mich zu einem späteren Zeitpunkt noch einmal durch das automatische Ansagemenü zu hangeln. Abschließend bedankt sie sich für mein *(äußerst begrenztes)* Verständnis und legt auf.

"Super effizient, dieses System: Das spart nicht nur Mitarbeiter, sondern auch allzu anspruchsvolle Kunden – und solche Typen wie mich ..."

Aber es gibt sicherlich auch Kunden, die diese Unannehmlichkeit gerne in Kauf nehmen, wenn sie dabei ein paar Euro sparen können.

So findet jedes Unternehmen die Kunden, die zu ihm passen, jeder Kunde findet die Geschäfte, in denen er gerne einkauft, und jeder Topf findet seinen Deckel.

Denn: Es ist eben „Alles Geschmacksache".

Haben SIE die Kunden, die Sie sich wünschen?

Fortsetzung folgt …

Die Fortsetzung zu diesem Taschenbuch

finden Sie (jederzeit aktuell):

In meinem Blog unter

http://www.hubertbaumann.com/blog

oder auf meiner Facebookseite

https://www.facebook.com/HubertBaumann.Business

Ich freue mich, wenn wir uns dort wiedersehen.

Der Autor

Bildquelle: Fotostudio Dagmar Rickert, Aschaffenburg

- **Hubert Baumann**,

    gelernter Bankkaufmann, Fortbildung zum Bilanzbuchhalter, Weiterbildungen in Projektmanagement, Vertrieb, Verkauf, Gruppenprozesse, Kommunikation und Präsentationstechniken.

- Mehrere Jahre Projektmanager im Bankenumfeld, mehrere Jahre Tätigkeit in Vertrieb, Vertriebsunterstützung und Partnermanagement von Herstellern und Beratungsunternehmen betriebswirtschaftlicher Konzepte und Lösungen.

- Seit 2004 selbständiger Berater für Business Development, Unternehmens- und Vertriebsaufbau, Außenauftritt und Öffentlichkeitsarbeit, systemischer Beratungsansatz.